跨文化视角下语用交流失误研究

潘英慧◎著

北京工业大学出版社

图书在版编目(CIP)数据

跨文化视角下语用交流失误研究 / 潘英慧著. —北京：北京工业大学出版社，2018.12（2021.5 重印）
ISBN 978-7-5639-6578-6

Ⅰ.①跨　Ⅱ.①潘　Ⅲ.①英语-语用学-研究
Ⅳ.① H31

中国版本图书馆 CIP 数据核字（2019）第 027000 号

跨文化视角下语用交流失误研究

著　　者：	潘英慧
责任编辑：	张　娇
封面设计：	腾博传媒
出版发行：	北京工业大学出版社
	（北京市朝阳区平乐园 100 号　邮编 100124）
	010-67391722（传真）　bgdcbs@sina.com
经销单位：	全国各地新华书店
承印单位：	三河市明华印务有限公司
开　　本：	787 毫米 ×1092 毫米　1/16
印　　张：	10
字　　数：	200 千字
版　　次：	2018 年 12 月第 1 版
印　　次：	2021 年 5 月第 2 次印刷
标准书号：	ISBN 978-7-5639-6578-6
定　　价：	48.00 元

版权所有　翻印必究
（如发现印装质量问题，请寄本社发行部调换 010-67391106）

前　言

随着经济的快速发展，不同文化背景的人交流也越来越频繁。中国作为最大的发展中国家，已然成了经济与贸易的中心之一。因此，跨文化交际是我们必然进行的一项活动，而且作为一个重要的活动，越来越受到欢迎。然而，误解或交际失败成为跨文化交际中的常见现象，这种现象的产生多是由于自然语言和文化差异，这种现象被称为语用失误。语用失误普遍存在于各种语言文化背景之下的言语交际活动中。由于每个国家的文化背景不同，在跨文化交际中的语用失误，造成了交流的障碍，不能进行正常的事件表达，造成误时误事，因此研究跨文化视角下的语用失误具有非常重要的现实意义。

本书在跨文化视角下，对中国英语学习者言语交际中语用交流失误进行较为全面、系统的理论与实证研究。本书首先对语用失误研究的主要理论基础进行阐释，重点讨论了与语用失误研究最密切相关的三个跨学科内容——跨文化语用学、语际语用学和跨文化交际学；其次，对国内外语用失误的专门研究进行了系统的梳理和归纳，并对比了一些跟语用失误相关的概念，对不同层次的中国英语学习者语用失误展开实证研究；再次，根据言语交际中语用失误的严重性，笔者总结了语用失误的几大成因，并对各种成因提出了相应的对策；复次，对跨文化视角下语用交流失误进行了深入的研究，包括语音、词汇、语法等方面的问题研究；接着，详细分析阐述了在跨文化视角下一些社会语用交流失误，比如交流中英汉语用策略的差异、礼貌用语、称谓语、招呼语、委婉语、熟语、邀请和致歉语、广告语以及公示语翻译过程中出现的交流失误等；最后，对跨文化交际语用交流失误的成因、语用交流失误的文化差异、语用交流失误的认知和预设等进行了分析。

本书共六章约20万字，由滨州学院外国语学院潘英慧撰写，在撰写的过程中，笔者吸收了部分专家、学者的研究成果和著述内容，在此表示衷心的感谢，由于水平有限，书中难免会有不足之处，恳请广大读者批评指正！

潘英慧

2018年3月

目 录

第一章　语用失误研究的理论基础 ... 1
- 第一节　语用学的定义及发展 ... 1
- 第二节　语用学的跨学科发展 ... 8

第二章　语用失误研究综观 ... 14
- 第一节　语用失误研究回顾 ... 14
- 第二节　语用失误研究现状分析 ... 16
- 第三节　语用失误的定义及分类 ... 28
- 第四节　语用失误与相关概念的区分 ... 37

第三章　跨文化视角下言语交际中语用失误成因及解决对策 ... 46
- 第一节　语用失误主要成因 ... 46
- 第二节　语用失误解决对策 ... 53

第四章　跨文化视角下语用语言失误研究 ... 63
- 第一节　语音的语用失误 ... 63
- 第二节　词汇的语用失误 ... 68
- 第三节　语法的语用失误 ... 80

第五章　跨文化视角下社会语用交流失误 ... 97
- 第一节　汉英语用策略的差异 ... 97
- 第二节　礼貌语的语用失误 ... 102
- 第三节　称谓语的语用失误 ... 106
- 第四节　招呼语的语用失误 ... 109

第五节　委婉语的语用失误……………………………………113
　　第六节　熟语的语用失误………………………………………115
　　第七节　邀请和致歉语的语用失误……………………………119
　　第八节　广告语言中的跨文化语用失误………………………120
　　第九节　公示语翻译中的语用失误……………………………123

第六章　跨文化交际语用交流失误的成因分析……………………126
　　第一节　语用失误的文化差异分析……………………………126
　　第二节　语用失误的认知分析…………………………………137
　　第三节　语用失误的预设分析…………………………………149

参考文献……………………………………………………………………153

第一章 语用失误研究的理论基础

第一节 语用学的定义及发展

一、语用失误的研究领域

语用失误与语言的使用有关，它属于语用学研究的范畴，特别是跨文化语用学和语际语用学研究的领域，它也属于跨文化交际学研究的范畴。至于什么是语用失误，语用失误如何产生等问题我们将在下一章探讨，本章重点介绍与语用失误研究相关的一些理论基础，比如什么是语用学，语用学最核心的两个概念语境与意义，语用学的跨学科发展情况以及语用学的基础理论，跨文化交际学等。

二、语用学的定义及发展

语用学的历史渊源最早可追溯到二十世纪30年代的莫里斯（Morris），卡尔纳普（Carnap），皮尔斯（Pierce）等学者对语言符号的研究。在他们看来，语用学探讨符号与其使用者、研究者之间的关系，这其实隐含了一种广义的语用观，因为符号与其使用者、研究者之间的关系可通过不同方式体现。此后较长时间内，语用学一直被视为"废纸篓"，解决语义学、句法学不能诠释的问题与现象。但自20世纪70年代末80年代初，语用学的学科地位得到确认以来，其研究议题与范围不断扩大，因此出现了以不同议题为重心的语用学定义。

那么何为语用学呢？正如学者何兆熊、俞东明等所言：语用学就是一门科学地研究如何使用语言的学科。这个定义似乎是无懈可击的，但显示出了高度的概括性和抽象性。对于语用学的定义远没有这么简单。以下是其他学者对语用学所下的定义。我们将以年代的先后做一个回顾。

斯托内克尔（Stalnaker）将语用学定义为"语用学是对语言行为以及实施这些行为的语境所做的研究。"

李驰（Leech）将语用学定义为"对于语用学可以这样的定义，它是对话语怎样在情景中获得意义的研究。"

迈尔（Mey）认为"语用学在本质上关注实际生活场景中语言的使用者及怎样使他们有效并得体地运用语言技能和资料的条件"。

托马斯（Thomas）给语用学定义为"对意义互动的研究"。

于勒所给的定义是："语用学所关心的是说话人（或作者）所传递的和听话人（或读者）所理解的意义"。给出定义后，于勒对语用学研究的范围做了进一步的说明。他认为语用学所关注的四个领域分别是：（1）语用学是对说话人含义的研究。（2）语用学是对语境意义的研究。（3）语用学是对所获得的交际与所说的内容比较多少的研究。（4）语用学是对（交际者）相对距离的表达的研究。

我国学者也对语用学下了不同的定义：

何自然认为"语用学是语言学的一个较新的领域，它研究在特定情景中的特定话语，研究如何通过语境来理解和使用语言"。胡壮麟、姜望琪认为"语用学就是这种集中于意义的学科"接着他进一步解释道：既然这种意义部分来自语境中语言的使用，所以语用学也可以定义为"对使用中语言的研究"。最后他用一种更简便的方法下此定义："语用学 = 意义 - 语义学"。

看来语用学的定义众说纷纭，难以定论。虽然以上学者对语用学的定义各持己见，但是他们共同关注了两大问题，即意义和语境。这也是语用学研究的两个最基本的概念。

（一）意义

什么是意义？大家可能会问，语义学也是研究意义的。语用学与语义学是不是一样的呢？在这里有必要对此稍做澄清。上文中我们曾经提到语用学曾被视为语义学研究的"废纸篓"，语义学家、句法学家将他们无法解释的现象都扔进了这个"废纸篓"。传统语义学关注的是句子所包含的语义命题的真实值，以及判断一个命题内容真实还是谬误所要满足的条件。比如："She arrived late and missed the train."这个句子由两个命题组成，命题 p "She arrived late." 命题 q "She missed the train." 两个命题由合取连词"and"连接。那么该句的命题为 p&q，如果 p 为真并且 q 也为真，那么 p&q 为真，如果 p 或 q 不为真，那么 p&q 为假。

德国分析哲学、语言哲学、现代数理逻辑的创始人弗雷格（Frege）认为只有"思想"才可能具有真实值，也就是说只有"思想"才会有真实与否这个问题。从语言上来看，"思想"是和"句子"这个概念联系在一起的，"思想"就是句子的"意义"。弗雷格注意到并不是所有的句子都表达了思想，有的句子不具有表达思想的那种意义，有些句子表达了比思想更多的内容，有些句子不足以表达思想，其中包括表达请求、命令、意愿的句子等。弗雷格（Frege）将这三种类型的句子都扔到了语用学这个"废纸篓"。假设我们说"The classroom is cold."那么对于语义学家们来说，只有当这句话表达了可以判别其真实与否的思想，即"这个教室冷"时，它才具有研究的意义。但是我们知道，这句话在真实生活中不仅具有陈述事实的作用，更多情况下，具有暗示请求的作用，如："教室冷，能不能打开空调？"或"教室冷，能不能换个地方？"托马斯也指出"语用学是对使用中的意义，即语境意义的研究……而语法和语义学主要是对独立于语境的抽象语义的研究"。由此认为语用学所研究的意义更注重真实生活场景中言语的意义。

（二）语境

语用学研究的另外一个非常重要的基本概念就是语境。所谓语境，简单地说就是使用和理解语言的环境。人类对于语境的研究是与其对于意义的探索伴随始终的。语用学与传统语义学的一个重要差别就是是否将语境纳入研究之中。下面我们对语境的发展做一下概述。

语境的研究涉及多个学科，诸如语用学，人类学，认知心理学，社会学，认知及互动社会学，认知科学等。总的来说，对于语境的发展人们将其分为传统的静态语境观和动态语境观。传统的语境观强调语境对交际的制约作用而忽视交际主体的主观能动性。动态语境观动态地研究语境，重视交际主体的能动性。语境因素是语用学研究的重要概念之一。

1. 传统的静态语境观

一般认为波兰人类学家马林诺夫斯基是提出语境概念的第一人。他在调查新几内亚东部的特罗布兰德群岛当地民族的原始文化时，注意到了语言与社会和文化的关系。马林诺夫斯基在《原始语言中的意义问题》一文中，区别了两种语言的使用情景。其中一种被称为"有魔力的"情景，似乎一个词或一句话可以直接使外部世界发生变化，即话语的含义就是当时当地正在发生的人的活动。用于人类典型的日常活动的语言，其意义直接来自这些活动，并提出如果"没有情景语境，话语就没有意义"的结论。这就是他所说的"情景环境"的重要性。在1935年出版的《珊瑚园及其魔力》一书中，马林诺夫斯基进一步指出"我认为，即使在人类思维和语言运用的最抽象，最理论性的各方面，真正理解词的意义，归根结底是取决于亲身经历现实中的这些方面……归根结底，一切词的意义都来自亲身经历。"他还区分了文化语境，即说话者生活于其中的社会文化语境。他认为语言基本上植根于说该语言的民族的文化，社会生活和习俗，不参照这些广泛的语境便难以正确理解语言。马林诺夫斯基提出的"情景语境"和"意义是语境中的功能"这两个概念为后世对语境的研究给予了理论支持。马林诺夫斯基的学生，伦敦学派的代表人物费斯扩展了马林诺夫斯基的语言环境概念。他认为进行言语交流的语言环境使下列范畴之间呈现一定的关系：

A：参加者的有关特征：是哪些人，有什么样的性格，有什么有关特征。

（1）参加者的言语行为。

（2）参加者的言语外的行为。

B：有关的事物和非言语性，非人格性的事件。

C：言语行为的效果。

费斯曾经说过"在一定意义上，语境环境涉及一个人的全部经历和文化历史，在语言环境中，过去，现在和将来都融合在一起。"由此可见，在费斯的语境观里，语境扩展到整个社会环境，文化，信仰，参加者的特征，关系等。但是，费斯则指语言活动所采用的媒介或渠道。它可能是口头的，也可是书面的，或是介于两者之间的。他认为，语言环境的这三个组成部分中每一部分的改变都可以产生新的语境。在这之后，弗斯的学生韩礼德进一步发展和完善了他的语境理论并提出了著名的语域理论。

与此同时，英国语言学家莱昂斯在《语义学》一书中，指出交际双方都必须共同拥有的语言知识，构成语境的六个方面。

（1）每个参与者必须知道自己在整个言语活动中所起的作用和所处的地位。

（2）每个参与者必须知道言语活动的时间和空间。

（3）每个参与者必须能够辨别言语活动情景的正式程度。

（4）每个参与者必须知道对于这一情景来说，什么是合适的交际媒介。

（5）每个参与者必须知道如何使自己的话语与言语活动的主题相适合，以及主题对选择方言或语言的重要性。

（6）每个参与者必须知道如何使自己的话语与言语活动的情景所属的领域和范围相适合。

卢娜思认为语境是"一种理论构建。语言学家，在其理论构建过程中，从现实情景中抽离出所有因素确立为语境因素，这些语境因素，凭借其对语言事件参与者的影响，系统地决定着话语的形式、适切性和意义"。

胡壮麟曾指出：语境尚无确切定义，也很难定义，因为不同学科、不同理论对语境有不同认识。再者，定义不一，研究途径也会不一样。不过他还是结合语篇分析把语境划分为四类：一元化语境，即语言语境；二元化语境，即语言因素和非语言因素（情景语境）；三元化语境，即时空和物理情景，语言语境以及背景、常识、百科知识、社会文化知识、现实世界知识等；多元化语境，指各种语境知识。

关于这种传统语境观的不足，从上可知：（1）传统的语境概念是一个包罗万象的范畴，涉及语言的知识，交际的时间、地点、话题、说话方式，交际者的地位及相互之间的关系，彼此的了解程度，人的世界知识，交际的文化，社会政治背景等。这使得传统语境观的语境研究缺乏系统性和可操作性；（2）传统语境观通常假设语境是客观存在的，是可以事先推测出来的；（3）传统语境观的分类存在着重复交叉现象，术语称谓过于繁杂；（4）传统语境观一般将交际双方视为被动的参与者。

2. 动态语境观

丹麦语用学家迈尔首先正式提出"动态语境"（dynamic context）这一术语。迈尔认为语境是动态的而不是静止的。动态语境是指交际过程中持续变化的场景，只有如此，交际才能不断地进行，话语才能被理解。当交际双方进入一个新语境时，交际双方都将面临新的情况，交际双方使用的言语及非言语的交际手段成为交际双方继续交际的新的语境因素。在交际过程中，说话人会利用各种言语及非言语手段为以下的言语交际创造一个适当的环境，以便更有效地达到自己的交际目的。

思博伯（Sperber）和威尔逊（Wilson）的关联理论的语境观也是一种动态的语境观。关联理论是指头脑中对客观外部世界概括化，结构化的语用系统知识，因此也被称为认知语境。关联理论将认知语境分为三类：（1）逻辑信息（logical information），由一组演绎规则组成。（2）百科信息（encyclopaedic information），包括概念的内涵和外延，如信仰，态度等。（3）词汇信息（lexical information），包含自然语言中用以表达某概念的词汇信息。这些信息以假设的形式存在于人的大脑中，作为潜在资源随时参与话语的理解。

认知语境的另一特点是语境被假设为组织化的，并且其组织形式影响到在某一情景中获得语境信息的难易度。信息获得度与所耗费的努力之间有一种相互关系，这种关系是以最佳关联为指导的。正如熊学亮所指出：认知语境是人对语言使用的有关知识，是与语言使用有关的、已经概念化或图式化了的知识结构状态。认知语境包括语言使用涉及的情景知识（具体场合）、语言上下文知识（工作记忆）和背景知识（知识结构）三个语用范畴。

关联理论把关联定义为"命题和一系列语境之间的关系"。我们可以把语境作为这一理论体系内诸多变元的终极参照和整个理论构架的基本支撑点。因此语境在关联理论中有着极其重要的作用。

言语交际就是明示和不断寻找关联的推理过程，这一过程必然有语境的参与。在明示推理模式中，为了获得有效的非论证性结论，一般要经历两个阶段：命题的形成和命题的论证。但是在非论证性的推理过程中，前提的命题是不完整的，因此往往需要补足前提，所补足的前提被称为隐含前提，为了获得隐含前提，听者要对语境进行补足。此外由于话语的不完整性，交际意图的潜意识差异性，必然会要求我们对认知语境加以处理和选择，并在交际者现有认知语境中添加能够使话语具有关联性的假设，思博伯和威尔逊同时指出，补足前提不具有必然性，因而，同一个语言信息未必能推导出相同的结果，这是因为个体之间的认知结构存在差异，即同一个人在相同的情况下，可能形成不同的前提。如：

【案例1】Peter: Would you drive a Mercedes?

Mary: I wouldn't drive any expensive car.

Mary 的言语的明说前提为话语本身。其隐含前提是"Mercedes is an expensive car."因此 Peter 为了推导 Mary 的答语需要对语境进行补足。其推导过程如下：

Mercedes is an expensive car.（隐含前提）

Mary will not drive any expensive car.（明示前提）

She will not drive a Mercedes.（暗含结论）

与语境的补足相关的是语境的选择。听者所调用的语境不是凭空产生的，而是以最佳关联为导向的。语境的选择必定会导致语境的扩大。这进一步证明了语境不是固定不变的而是动态的，听者为了对话语做出具有关联性的理解就要在现有语境中加入能够使话语具有关联性的假设。听者的认知语境的补充通常有三种情况：第一种情况是听者将所需的百科知识加入现有的认知语境中从而扩展自己的认知语境。

【案例2】Peter: I'm tired.

Mary: I'll make the meal.

此时，Mary 要理解 Peter 的话语就要扩展语境，不仅把 Peter 所提供的信息当作语境还要将他话语的隐含前提也当作语境：

即：Peter hopes Mary will make the meal.

假如是另一种情境：

Peter: I'm tired.

Mary: The dessert is ready. I'll make the main course.

此时 Peter 的语境必须扩展，将相关的百科知识纳入进来，即：A meal consists of at least a main course and a dessert. 从而推导出 Mary 的言语的语境含义：Mary will make the meal.

第二种情况是，听者从短期记忆中调用相关的信息，即上文所提供的信息来扩展认知语境。

【案例3】Mary: What I would like to eat tonight is an osso bucco. I'm ravenous. I had a great day in court. How was your day?

Peter: Not so good. Too many patients and the air conditioner was out of order. I'm tired.

Mary: I'm so sorry to hear that. OK. I'll make it myself.

Peter 为了弄懂 Mary 所说的"I'll make it myself."Peter 需要调用对话开始时 Mary 所说的话："What I would like to eat tonight is an osso bucco."Peter 听到这句话时，自动的将其从演绎推理机制的记忆中转换到短期记忆中。然后从短期记忆中调用该信息来扩展自己的认知语境，从而推导出"it"的所指。

第三种情况是听者有时要从周围的有关情景中调用信息从而扩展自己的认知语境。

【案例 4】It suddenly starts raining.
What shall we do now?

此时，听者必须将"正在下雨"的情景因素加入自己的认知语境中，从而推导出话语的含义，"What shall we do now that it is raining"关联理论将语境研究重点放到交际主体理解话语时的心理运作过程中，凸显了交际者的主观能动性。但关联理论的语境观脱离了社会文化因素。

比利时的语用学家，国际语用学会秘书长维索尔伦在《语用学诠释》中提出了语境适应论。使用语言不仅是语言成分和语境因素相互适应的双向动态过程，而且也是语言使用者策略性的选择过程，交际双方在各自的社会心理机制作用下选择相应的语言表达形式，从而能动地改变或创造语境，使之向有利于实际交际目的的方向发展，变化了的语境进一步激活语言使用者的背景知识促使其进行新一轮的选择。维索尔伦认为语境包括信道（语言环境）和交际语境两部分，交际语境是由说话人，听话人，心理世界，社交世界和物理世界组成的统一体。视线用以表明在言语交际过程中三个世界的构成要素都会通过人的认知机制得以激活，协同作用影响语言的产出和理解。说话人和听话人位于语境关系框架的中心，既是联系信道和交际语境各个变量的纽带，又是三个世界的共同基底。由此可见在语境适应论中，语言使用者所具有的核心地位。语境适应论凸显了语境的动态性和以人为本的理念。该理论受到了达尔文进化论和皮亚杰的发生认识论思想的影响，反映了语境研究的一种新趋势。

语用学是研究语言在真实场景中的意义的，因此对于意义的判断离不开语境。

【案例 5】Meet me here at the same time tomorrow with a stick this long.

这句话中人称指示词"me"，地点指示词"here"，时间指示词"the same time, tomorrow"，程度副词"this"等词语的字面意思一目了然，但听话人要真正明白这一句子的语意，就必须借助语境信息，了解这些指示词的真正所指，即通过参与者确定"me"指的是谁，通过发生的地点确定"here"的所在地，通过发生的时间确定"the same time, tomorrow"的具体时间，通过说话人的手势确定"this long"有多长。

关于语境理论的发展，综上可知一二。从"传统语境观"到"认知语境观"或称"动态语境观"，世人对于语境的研究已从表象深入到本质、从过去的简单归类到现在的动态解释，这使得语境理论的解释力有了明显提高，也更加符合理论发展的总体趋势。关联理论认知语境观以解释交际双方话语动态理解过程为主要目的，恰恰弥补了传统语境观的不足之处。将两者有机地结合起来，对我们从宏观和微观、静态和动态角度去全面理解具有十分重要的指导意义。

第二节　语用学的跨学科发展

语用学发展迅速，如今各种不同学科相互渗透，形成许多交叉学科、边缘学科。目前，语用学的主要研究分支包括研究语言使用和理解的普通语用学，研究语言理解的心理认知的认知语用学，研究语言和社会文化关系的社会语用学，研究语用能力习得的语际语用学和跨文化语用学，将语用学一般原理应用于交际学中的交际语用学，将语用学一般理论应用于国际交流语篇分析的国际交流语用学，把语用学研究成果应用于外语教学的教学语用学，以汉语文化为背景的汉语语用学，以篇章为语言分析特点的篇章语用学，以言语信息为突破口的信息语用学，将语用学一般理论应用于节目主持活动的语用学，如应天常编著的《节目主持语用学》等。这里，我们只扼要介绍与本课题所要探讨的语用失误现象具有密切关系的跨文化语用学和语际语用学的基本情况。

一、跨文化语用学研究的内容

跨文化语用学（cross cultural pragmatics）研究的是人们使用第二语言进行跨文化言语交际过程中出现的语用问题。随着对外交往的日渐频繁，跨文化交际问题越来越引起人们的关注。交际通常会用到语言，而不同的语言在使用时又往往带有不同的文化特征，这样一来，母语的文化特征或多或少会影响到跨文化言语交际，因而值得我们重视，这也是跨文化语用学兴起的原因。跨文化语用学领域的研究一般包括下面四个方面的内容：

（1）言语行为的语用研究。
（2）社会—文化的语用研究。
（3）对比语用研究。
（4）语际语言的语用研究。

这里的"言语行为的语用研究"主要涉及人们在跨文化交际中能否用第二语言正确地表达或理解该语言的言语行为，如：

【案例6】Do you have a watch?

这句话在不同的场合可以表达不同的言语行为，如表示"请求"，则表示请求对方告诉自己时间，一般发生在陌生人之间。此外，这句话也可以表示真正的"询问"，表示询问对方是否有手表，这种情况则多发生在熟人之间。一句话往往可以表达多种不同的言语行为，而同一言语行为可以用不同的言语形式表达，这些都需要依靠语境来做出选择，如：

【案例 7】A. Would you mind closing the window?
B. Could you close the window?
C. Would you please close the window?
D. Close the window?

这几句话都可以表达"请求"听话人关窗的言语行为，但它们适用于不同的谈话对象，对好朋友用第一句话不合适，对上级或长辈用第四句也不合适，在跨文化交际中这些使用场合都应引起注意。不同语言的人在使用第二语言交际时都会不同程度地受到自身文化背景的干扰，这些干扰是怎样在言语行为中表现的，应对它们做出什么样的解释等，这都属于跨文化交际中言语行为的语用研究范畴。

"社会—文化的语用研究"重点是受文化影响的社交语用现象。由于语言是文化的一部分，所以文化总是在语言的使用上打下深深的烙印，但在某些情况下，文化差异却会给跨文化交际带来负面影响。中国人的自谦品格在跨文化交际中就很容易使对方感到尴尬，如：

【案例 8】A: Your handwriting is wonderful.
B: No, it isn't good at all. I am only a beginner.

（A 代表英语为母语的说话人，B 代表来自中国的交际者）

本来 B 只需说声"Thank you"就足够了，但受中国文化的影响，受到表扬后，一般要说些话来表示谦虚，这样才算是有礼貌。可是，这会使外国人感到不舒服，因为 B 这种谦虚的回答反而会让 A 以为 B 在责怪自己无知，不懂得什么是好书法。这种由于文化差异而导致的语用失误正是社会—文化语用研究的对象。

"对比语用研究"是就两种语言交际功能的不同方面、不同语用技巧和策略以及两种语言不同的文化内涵等方面进行比较的。这方面的研究对外语学习和外语教学、成功地进行跨文化交际、减少或避免语用失误、促进翻译学的发展等都有积极意义。

二、语际语用学的研究内容

语际语用学（简称 ILP）也属于跨文化语用学。语际语用学研究起始于 20 世纪 80 年代初。到了 80 年代末，越来越多的人开始对它感兴趣。1993 年，第一部语际语用学的论文集《语际语用学》（*Interlanguage Pragmatics*）正式出版。该书包括 11 篇语际语用学论文。作者大多是语际语用学界的知名学者。从此，语际语用学的学名正式在学术界传播用开来，语际语用学这门学科也随即诞生。

语际语言的语用研究是关于人们使用第二语言时的具体语用行为同他们的母语或第二语言的关系的研究。语际语用学既属于跨文化语用学研究的内容，也属于第二语言习得和语用学的交叉研究，因此这方面的研究也被称为语际语用学。语际语言，又称中介语或过渡语，是塞林克最早提出的，指的是学习外语的人所使用的非纯正的外语。通俗地讲，就是不地道的外语。用王宗炎先生的话讲，语际语言是由于学习外语的人套用母语的模式或滥用所学语言的模式或用已学过的词汇及语法绕弯子说话造成的。语际语用学常被定义为"研究非母语的第二语言操作者在使用和习得第二语言行为时的模式"。我国学者刘绍忠对语际语用学的研究内容做过详细的归纳。大致包括以下八个方面：

（1）对目的语言语行为的语用理解的探讨。
（2）学生如何使用目的语表达或实施言语行为。
（3）第二语言语用能力的形成和发展。
（4）在理解、表达和习得第二语言语用知识过程中的母语语用知识迁移。
（5）对来自母语语用迁移的交际效果的调查和研究。
（6）语际语言使用与研究中的语用标准问题。
（7）语际语言的语用特征形成和发展与教学的关系。
（8）语际语用学研究的方法。

其中，语用理解、言语行为的表达、语用迁移、交际效果（如语用失误）等受到最为广泛的关注，被卡斯伯（G. Kasper）和布鲁姆·库拉克（S. Blum-Kulka）明确列为语际语用学的研究领域。

三、跨文化语用学和语际语用学的理论依据

跨文化语用学和语际语用学的理论都离不开普通语用学的基础。普通语用学又称描写语用学，按语用学英美学派的理解，是与句法学、语义学等层次并行的语言学学科，研究特定情境中的特定话语，研究人们在言语交际环境下如何理解和使用语言。

莱文森（Levinson）认为普通语用学的研究内容主要包括指示语（deixis）、会话含意（conversational implicature）、前提（presupposition）、言语行为（speech act）、会话结构（conversational structure）等。这些课题至今仍然是语用学研究的基础。

（一）指示语

指示语直接涉及词语与语境的关系。指示话的指称及其在构成语句时的意义往往取决于话语的语境和说话人的信念和意图。指示语在语言学的语用学中是一个重要组成部分，包括人称指示、时间指示、地点指示等。

（二）会话含意与合作原则

在语言学的语用学中，会话含意（conversational implicature）是重要的研究内容。根据格瑞斯（Grice）的会话含意学说，说话人说的话并非直接表意，而是通过说这句话表达另一个意思，这另一个意思就是含意。格瑞斯指出，言语交际

双方都有一个相互合作求得交际成功的愿望。因此,人们交际时总是遵守某些原则,这些原则就称为合作原则(cooperative principle,略做 CP)。交际中谈话双方如有一方不遵守合作原则,那可能是他不愿交谈下去,但更多的情况是说话人在话语表面没有遵守合作原则,而实际上说话人一直都持有合作态度。说话人故意不合作,其实是想告诉听话人,他是合作的,只不过不能按字面去理解他话语的意思,而要深层次地去理解他所谓故意不合作背后的意图。合作原则有四条准则:

(1)量准则:指说话提供的信息要适量。信息不能太少,但也不应多于所求信息。

(2)质准则:指不说没有证据的话,不说自己认为不真实的话。

(3)关系准则:指说话人提供的信息必须与话题有关联。

(4)方式准则:指说话人的信息应当是清楚的、不引起歧义的、简单明了的、有条理的。

以上四条准则是格瑞斯套用康德的质、量、方式、相关四范畴得来的。关于合作原则,很多学者对其提出批评,如合作原则过于理想化;合作原则没有社会基础;合作原则反映了一种种族中心主义;合作原则刻画的是不典型的会话情形;合作原则不能解释交际者为什么要违反它,等等。但我国学者陈新仁却有新的独到的理解,他认为"合作原则与四准则之间不是一种整体与部分的关系,因为在四准则中任何一条准则里的'不合作'并不影响总体的合作。合作是一种自然的、永恒的假定。"

(三)前提

会话含意是一种语用推理,它在特定的语境下根据某些准则推导出说话人要表达的意义。前提或预设也是一种推理,即在语言结构的基础上依靠逻辑概念、语义、语境等推断出话语意义的先决条件。预设或前提首先是逻辑和语义方面的课题,但它不能只靠逻辑和语义的分析,因为前提对语境十分敏感,它实际上也是一种语用推论。语用前提是说话人或当事人的预设,反映了说话人或当事人的态度或意图。语用前提还涉及说话人实施言语行为和语句所处语境的合适条件。此外,前提一般是交际者彼此互知的。

(四)言语行为理论

根据言语行为理论,"说"就是"做",言语就是行为,言有所为,以言而为。从句法或逻辑—语义的角度看待语言,只能了解"言之所述",如从话用学的角度看待语言,则可了解"言之所为"。言语行为理论来源于以下的假设:人类交际的基本单位不是句子或其他表达手段,而是传达特定意图的行为,例如"陈述""请求""提问""命令""感谢""道歉""祝贺"等。言语行为的特点是说话人通过说一句话或多句话来执行一个或多个上面列举的行为,这些行为的实现还可能给听话人带来某些后果。有学者认为,言语行为可分为三个类型:以言述事、以言行事和以言成事。其中,以言述事是最基本的,只要说话就有以言述事行为。以言行事是最有用的,说任何话都意味着实施特定的行为。以言成事是一种结果。赛尔(Searle)还提出了有名的间接言语行为理论。他认为,言语行为大都不是直接表达出来的,人们经常用实施另一种行为来表达一种行为。

(五)礼貌原则

格瑞斯的合作原则给解释话语的会话含意提供了一种机制,但却没有说明合作原则为何是必要的,为何说话人又要经常违反合作原则的准则,以让听话人从违反准则的反面去推导说话人话语的特殊含意。李驰提出的礼貌原则补充了合作原则的上述不足。他认为,说话人之所以要违反合作原则,之所以要把话说得间接,是出于礼貌的需要。

李驰认为构成礼貌的重要因素是命题内容给交际双方带来的损益情况和话语提供给听话人的自主选择程度。说话人话语的命题内容越有利于听话人,话语就越礼貌,反之就越不礼貌。话语提供给听话人的自主选择度则是由话语的间接程度决定的,说话人的表达越间接,其强加程度就越小,听话人自主选择的自由度就越高,而话语的礼貌程度也就越高。

损益等级与话语间接程度可以各自独立产生作用。但也可能发生冲突。命题内容有利于听话人的话语,使用直接方式是礼貌的,相反,使用太间接的表达方式,则显得发话人给予听话人的利益言不由衷,不够诚心。以此为基础,李驰进一步提出了制约人际言语交际的六条礼貌准则,它们是:得体准则、慷慨准则、赞誉准则、谦逊准则、一致准则和同情准则。

其实远不止以上所提及的语用学方面的内容,比如思博伯和威尔逊提出的关联理论、布朗和莱文森提出的面子理论、道金斯提出的模因论、乔姆基斯最简方案中所体现的经济原则等理论似乎都可以成为跨文化语用学和语际语用学的理论基础,也是语用失误研究的理论基础,这里不再逐一阐述。

四、跨文化交际学

所谓跨文化交际学,即不同文化背景的人走到一起分享思想、感情和信息时所发生的一切。这里特别强调一下:本课题所指的"跨文化"是一个宽泛的概念,不仅指不同民族,不同语言间的文化,也指同民族,同语言间的不同知识背景的文化。

跨文化交际的英语名是"Intercultural Communication",或称为"Cross-cultural Communication"。跨文化交际学最先在美国兴起。美国是个移民国家,因此，文化碰撞时有发生。来自世界各地的移民都强调并维护自己的文化，因此形成了美国的多元文化格局。于是跨文化交际引起了美国学者和各界人士的广泛关注。日本也不甘落后，于1972年在东京率先召开了第一届跨文化交际学国际研讨会，出席人数超过两千。1974年，跨文化教育训练与研究学会在美国宣布正式成立。我国研究跨文化交际学起步较晚。北京外国语大学著名语言学家胡文仲于80年代初期开始从事跨文化交际学的研究，著作颇丰，已经编著出版了《跨文化交际学概论》《跨文化与语言交际》等多部图书。目前，跨文化交际学已发展成为一门被国际学者们充分重视的集人类学、语言学、心理学、传播学、社会学等为一体的综合性学科。

跨文化交际中交际双方语用失误时有发生，所以跨文化交际理论也是语用失误研究的重要理论基础，要想研究语用失误必须对跨文化交际学有所了解。

第二章 语用失误研究综观

第一节 语用失误研究回顾

"Pragmatic Failure"在中国对这一概念的翻译和理解不太统一。黄次栋称之为"语用错误",何自然称之为"语用失误",王宗炎称之为"语用误差"。我们倾向于"语用失误",而且我国学界目前基本上确认了"语用失误"的称谓地位。

这一概念最早是珍妮·托马斯（Jenny Thomas）于1982年在兰开斯特大学（Lancaster University）攻读硕士学位时在她的导师克里斯托弗·坎德林（Christopher Candlin）和杰弗里·利奇共同指导下撰写的题为"Pragmatic Failure"的硕士论文上出现。次年,她把论文的主要内容加以整理并发表在《应用语言学》（Applied Linguistics）第四卷第二期杂志上,这就是后来被学界大量引用的《跨文化交际中的语用失误探讨》（Cross-Cultural Pragmatic Failure）一文。托马斯在这篇文章中不仅明确界定了什么是"语用失误",还借用了利奇关于普通语用学包括语言语用学和社交语用学两个分支的框架把"语用失误"区分为两大类,即"pragmalinguistic failure"和"sociopragmatic failure"。何自然分别将它们译成"语用语言失误"和"社交语用失误",并把这种分类法称为语用失误"二分说"。从此,语用失误研究成为跨文化语用学的重要内容之一。

那么"大量引用"的程度到底怎样？带着这个问题,我们从"google"中进行了搜索,发现符合"语用失误"的结果约50.2万项；符合"pragmatic failure"的结果约221.8万项。这说明在全球认可"pragmatic failure"这种说法的人士很多,但经过浏览发现重复的内容很多,为了了解其中的学术性地位,我们对目前中国最大的学术期刊网——中国知网进行搜索,其中以"语用失误"为关键词的搜索结果为943项,其中包括硕士论文中的151项,博士论文0项；以"pragmatic failure"为关键词的搜索结果为931条,其中包括硕士论文中的152项,博士论文0项。说明至今没有学者以"语用失误（pragmatic failure）"为关键词作为博士论文。

另外，从"Google"网站所搜索出来有关"语用失误"或"pragmatic failure"的词条中我们分别对各自前 30 项符合的结果（每项词条 10 个网页，共计 600 个网页）进行研究，发现一个很有趣的事：当然符合"语用失误"的结果 300 项都是中文写的是无可非议的，可是符合"pragmatic failure"的词条中居然也有相当大的一部分是用中文写的，其中的词条要么是含有"pragmatic failure"中英文题目，要么是含有"pragmatic failure"的中英文摘要，要么是含有"pragmatic failure"的中英文关键词。这样的词条估计占到三分之一以上。最后我们把余下的不到三分之二的相关词条进行研究，结果发现网页中主要提到"pragmatic failure"或"failure from pragmatic approach"类似的短语，真正含有"pragmatic failure"标题的国外文章只有 18 篇，而且这 18 篇标题或主题上含有"pragmatic failure"的外国文章都在前 15 项词条的 150 个网站中发现，后 150 个网站没有发现类似文献。由此我们可以推断出符合"pragmatic failure"220 多万项的结果里应该中国人写的占绝大多数，换句话说这个热门的语言现象在中国比较热。以下两个研究结果还可以进一步证明我们的推断：

第一，经搜索发现国外大型网站共收集 100,000 多篇学术论文，而以关键词"pragmatic failure"搜到的文章 92 篇，其中与语言学习相关的 18 篇，而标题或主题中含有"pragmatic failure"的文章只有 1 篇。另一个国外大型网站共收录 3,353,065 篇学术文章，可是标题或主题中含有"pragmatic failure"的文章也只有 1 篇。

第二，经过我们调查发现从德国移民澳大利亚的学者咖布瑞拉·波尔（Gabriela Pohl）于 2014 年在年刊杂志 SLLT 上所发表的《跨文化交际中的语用失误探讨》一文里参考了 20 个文献，除托马斯（1983）Cross-cultural pragmatic failure. Applied Linguistics, 4 (2), 91-112. 这一条文献外，再没见到其他任何文献标题或主题中含有"pragmatic failure"的文献。韩国 Chung-Ang 大学学者 Eun-Sook Jeong 在"Overcoming Pragmatic Failure"一文中，日本学者在"What is the Relevance of Sociopragmatic Failure to Language Teaching?"文章中的参考文献里都只有托马斯的文献；美国学者 Peter Dash 在 2014 年写的文章"Cross-Cultural Pragmatic Failure: A Definitional Analysis with Implications for Classroom Teaching"里面的 24 个参考文献中，同样也只有托马斯这一文献。而且这些都是来自新世纪的相关文章。最后我们把 18 篇国外的文章都看完，发现参考文献中标题带有"Pragmatic Failure (s)"几乎都只有托马斯的文章。让我们感到更奇怪的是，最近在我国出现的第一本标题上有"语用失误"的专著中，在多达 6 页的参考书目里居然也只有托马斯所著的这一国外文献，当然标题中含有"语用失误"的中文参考文献不少，等等。此类现象举不胜举。

以上说明托马斯关于"语用失误"一文被大量引用不假。但应该看到，如果以国家为单位作为考察对象，那么从前面的研究与分析看，的确主要是中国的学者在引用和研究，再具体一点，应该是中国的外语学习者或对外汉语教学者在大量引用和研究，因为我们从中国"知网"查阅的943篇标题与"语用失误"相关的文章中，真正与中文学者相关的只有一篇，即：王克的"论壮族人语用失误的文化背景"一文。可能是我国的中文学者对这一概念称法不一，比如据我们查阅所知：邵敬敏、姜美玉称"口误"，李大忠称"偏误"等，虽不做一一列举，但数量并不是很多，进一步说明"语用失误"的称谓地位。

第二节　语用失误研究现状分析

一、国外学者对语用失误的研究现状

自从托马斯公开发表语用失误"二分说"的观点后，在全世界引起了强烈的反响，而且得到许多学者的赞同与支持。尽管如此，我们研究发现国外学者的文章标题里真正含有"pragmatic failure (s)"的文章相当少。我们通过海量的文献搜索也只看到18篇文章（含托马斯本人的文章在内，也许我们的文献搜索还不够海量）。这18篇文章的作者分别是来自英国的学者托马斯和努尔·瑞希以及英国女学者，国际测试学专家，香港理工大学的博士生导师，中国大学英语四六级考试委员会学术顾问和著名社会语言学家，北京科技大学外国语学院客座教授，英国加地夫大学学者爱德曼·迦沃斯基；美国学者皮特·达诗以及菲尔德·理查德；移居澳大利亚的南昆士兰大学学者咖布瑞拉·波尔；芬兰学者奥利文·艾瑞曼；法国University of Nancy民族语言学家飞利浦·瑞丽；以色列翻译研究学者布鲁曼·库卡，莎拉娜和奥沙塔娜·艾利特；伊朗学者沙拉曼尼·努杜莎；来自大洋洲库克群岛的学者嘎啦·尼勒森，穆罕默德·阿拉巴托和艾瑞妮·艾克尔斯；来自中美洲哥斯达黎加的学者哈斯布尼·蕾拉；欧洲学者基斯·麦克尼，等等。其实这18篇里标题真正含有"pragmatic failure (s)"的只有16篇。因为日本学者所写的标题是"What is the Relevance of Sociopragmatic Failure to Language Teaching"但是文中谈的都是托马斯语用失误"二分说"之一"社交语用失误"的事情。另一篇是另一位日本学者写的，标题是"Pragmatic competence and failure in the Japanese University EFT"可以理解为"failure"前省略一个词"pragmatic"而且文中论述的也都是有关"语用失误"的问题，所以把它们都列入了这18篇文章中。正如上述所言，由于这些文章都来之不易，因此我们非常珍惜。下面将重点谈谈这18篇文章的研究情况，首先说说托马斯以外的17篇文章内容。

第一，以英语作为外语学习（EFL）的课堂语用失误研究有以下学者：穆罕默德（Mahmoud A. B.）、艾琳（Erin E.）、加布里埃拉（Gabriela P.）、埃莉诺（Eleanor

C. K.)、金正旭（Jeong. E. S.）、努尔（Noor M. R.）、百隆库卡（Blum-Kulka, S.）、奥斯塔那（Olshtain, E.）；扎沃斯基（Jaworski, A.）。盖尔（Gaylel）等人在《阿拉伯人和英语本族人称赞反应：语用失误的潜在性》一文中是以阿拉伯语和美国英语中称赞反应进行了对比式的实证研究。他们研究发现：双方的称赞反应模式有许多相似点和不同点。相似点主要表现在叙利亚人和美国人都没有直接拒绝称赞，而是要么接受称赞要么降低接受称赞力度。双方受试成员都使用了一些相似的反应模式，诸如：与话语一直，回赞，偏斜或规范评论以及再确信或重复请求等。不同点主要表现在：使用称赞反应策略中一个最大的区别在于叙利亚人在接受称赞时常常使用一些刻板的表达方式，而美国人却没有这样做。另一个不同点就是双方使用称赞语的语言长度。粗略地观察一下双方的数据显示：阿拉伯人用的称赞语言总是比英语的要长。他们总是包含更多的语词以及更有可能继续超出最初的称赞和反应。阿拉伯人认为双方语言互动越长，表示越真诚，而且称赞语的长度也是阿拉伯人雄辩的价值观。他们认为：这种情况肯定会导致双方跨文化交际误解和交际中断。而这种误解的直接根源可能就是由于语用失误所致。加布里埃拉（Gabriela P.）对语用失误的研究很感兴趣。在《跨文化语用失误对语言教学的启示》一文中他指出：以德语为背景的英语学习者在跨文化交际中经常导致交际中断或产生交际误会，其根源是语用失误所致。加布里埃拉赞同托马斯提出的两种交际中的语用失误，而且他也认为交际能力一定包含语言语用能力和社交语用能力。但他主要侧重跨文化间的语用失误研究，而非托马斯所说的不同文化间的语用失误研究。

田所惠美和埃莉诺分别是当时日本高校的英语助理教授和教授。田所惠美的研究兴趣很广，包括语际语用学、神经语言学、心理语言学和会话分析。在《什么是语言教学中的社交语用失误的关联性》一文中她认为"语言语用失误"相对容易克服。所以她在研究中结合自己的语言教学重点对学生"社交语用失误"的可能成因进行研究。而埃莉诺在《日本大学英语课堂中的语用能力与语用失误》一文中，则是对自己所教学校的70名英语学习者进行礼貌行为的实证研究，从中揭示了语用失误的普遍现象，并对提高学生的语用能力的策略提出自己的一些看法。她在参考文献里除了托马斯的文献还引用了助理教授田所惠美的文献，也是唯一日本学界的相关文献。这也进一步说明在日本对语用失误的研究也还不是很热。金正旭在《克服语用失误》中采用语用失误"二分说"方法就韩国英语学习者进行了描述性的研究，提出了一些消除跨文化交际中语用失误的策略，比如第二语言教师应该从英文电影、书籍、话剧等收集大量语料以便给学生暴露于不同的语言情景中，从而提高英语学习者的语用能力。《关于俾路支英语学习者的跨文化语用失误》是努尔在英国索尔福德大学所做的一篇硕士论文。俾路支人讲的主要是伊朗语，该文主要探讨俾路支英语学习者在交际中语用失误的成因和对策。

　　穆罕默德在《语法错误与语用失误的评价》中通篇围绕哲学家汉莫森（Hymes）、人类学家巴赫曼（Bachman）、语言学家卡纳斯和塞万（Canale and Swain）提出的交际能力、语言能力、语用能力、语法能力、策略能力等进行论述。文中使用了由哥斯达黎加大学生用英语写成的一系列信息，让英语本族语教师和非本族语教师进行评价，目的是想了解教师对待大学生的英语语法错误和语用失误的评价态度；百隆库卡、奥斯塔纳在《太多的语词：话语长度与语用失误研究》一文中共设置了5个请求问题和7个道歉情景进行调查研究。通过研究发现与本族语话语者相比，非英语本族语话语者在言语行为的话语长度中显示了系统性的区别。并指出，偏离本族语话语长度的规范可能是导致语用失误的主要原因；扎沃斯基（Jaworski, A.）在《第二语言语用失误：波兰学生英语问候语反应研究》一文中通过对72个波兰大学生用英语确切反应带有公式化的问候语"How are you（doing）today?"的测试，发现这些波兰人中，几乎有一半是语言得以高度发展的大学生都没有察觉到本质性问题，从而导致语用失误的发生。

　　第二，英语作为第二语言的语用失误研究有以下学者：著名学者汉普·路易斯（Hamp-Lyons）在《短文测试策略与文化多样性：语用失误、语用适应调节和优秀的定义》一文中叙述了她如何利用来自5个不同语言背景的大学生进行短文测试的研究。这个事先不知道的短文测试用英语进行。受试者之一是一个完全用英语授课的东印度人；之二是来自韩—英双语的大学生；之三是英语非常流利的挪威人；之四是一个美国中产黑人；之五是一位在美国城市长大的人。数据来源于对他们的采访和他们自言自语、边想边说的文本草案。从中探讨了语用失误的发生以及语用策略的调节等问题。她选择这种学生的多样性、文化的多重性作为研究的视角的确让人耳目一新。

　　皮特·大什（Peter Dash）在《跨文化语用失误：定义式分析对课堂教学的启示》中从语义学与语用学的区分出发，探讨和分析跨文化语用失误的根源。皮特·大什指出"语用学是一个学者们很难定义的领域，并且与语义学也没有足够的区分。它在第二语言学习课堂中也没有受到足够的重视。一个关于什么是语用学的清晰的定义是基于语境而定义的，从其他类型中定义跨文化语用失误时，所遇上的真值条件又表现出模糊的潜在性。通过对语义和语用的分析展示了对语用学理解的重要性，特别是在二语课堂中教授语用学的一些启示有利于帮助学生更好地回避跨文化交际中的一些问题，即跨文化交际中的语用失误问题"。在文章中皮特·大什也用了一句话含沙射影地对语用失误"二分法"提出质疑。他说"有人提及托马斯是把副语言语用失误从语言语用失误和社交语用失误中再次分离出来。"仅此一句，有些遗憾，可能是苦于没有理论的支撑或别的原因，他就没有做过多的评论。

第三，不区分语用失误（pragmatic failure）和语用错误（pragmatic error）的学者有：民族语言学家菲利普·瑞丽（Philip Riley）似乎对语用失误和语用错误这种称谓不去考究，从他1984年《理解误解：课堂中跨文化语用失误》（*Understanding Misunderstandings: Cross-Cultural Pragmatic Failure in The Classroom*）一文的标题来看好像是谈"语用失误"，事实上在文章中他经常把两者当成一回事。甚至在1989年他还干脆用"pragmatic error"的称谓作了《奥，别责备我：关于语用错误的解释》（*Well don't blame me!-On the interpretation of pragmatic errors*）一文。文中他还给"语用错误"正式下了定义："语用错误是两种文化互动的结果。即一个人的交际行为往往受到她/他所处的社会文化规则制约，当适用于一种社会文化规则的交际行为被用在另外一种社会文化规则之中，这种情势下就会导致语用错误。"我们认为这里所说的"语用错误"就是指"语用失误"。正因如此我们才把它列为这18篇难得的文献之一。称语用错误的类似学者还有我国外语界的黄次栋。不过我们认为"错误"与"失误"还是有区别的，关于这一点后面还会进一步论述。

第四，从民族信仰、哲学信仰的高度来解释语用失误的学者有：菲尔德·理查德（Field Richard W.）《语用失误与信仰归因》一文中从哲学的高度长篇论述了语用失误与信仰的关系。他指出：相反，不应该有任何强制的理由去终止这些归因所暗示的被当前的信仰主导的行动。所提供可选择的观点就是我们被习惯主导的行动。但是在这些语用失误的案例中，我们把假设性的前失误归因为基于所有行动的意图以及对相关背景知识理解的信仰。

第五，从和谐管理的角度讨论语用失误的学者有：意大利学者基娅拉·穆布拉尼（Chiara Zamborlin）在《超越语用失误：跨文化交际中的不和谐》中指出：与"失误"这个术语相比，他更喜欢用"dissonance"（不和谐或不一致）这样的术语，基娅拉·穆布拉尼认为"dissonance"这个词不会出现太多戏剧性的意义。本研究主要展示了：（1）无意的、跨文化上的"不和谐"能同时源于起不同原因的重叠，比如来自语言的、社会语言的、社会语用的或是百科知识的。（2）这些"不和谐"可能是受到超出说话者减轻语力和矫正面子威胁的能力因素的影响所产生的。（3）这些"不和谐"能显示不同的强度并有着相当不可预测的效果，这种效果可以广泛地从不愉快的情感延伸到幽默。他这样做的目的是想对错误交际的可能原因和潜在结果提出一个跨文化误解分析的动态观，这也是他本人给它命名为交际"不和谐"（dissonance）的意图。

其实持这种"不和谐"论（dissonance）的学者不止他一人。早在2005年欧洲芬兰学者奥利文·艾瑞曼（Olivier Irmann）就在杂志《战略管理中前进》中第22卷特别专刊"策略方法"上发表了《跨国界习得个案研究：交际策略过程中的不和谐与语用失误》（*Communication Dissonance and Pragmatic Failures in Stra-*

tegic Processes: The Case of Cross-Border Acquisition）一文。重点描述了奥利文的两个定性研究报告。该研究主要从芬兰和法国两个跨国企业管理人员及员工的交际策略出发，探讨双方跨国文化交际中的语言习得情况。分析的数据来源于2007～2012年法国、芬兰的两个工业工程集团，数据收集主要采用各自的相关领域笔记、会议笔记和现场采访录音。这样做的目的是想获取交际双方人员的理解程度，同时想分解双方在交际与管理事件中的不同看法。在这个被延长的研究报告中，奥利文让双方员工对当年组织过的相关"故事"以及对重大意义的事件进行反思和回忆，同时也举行会议让管理者就研究者（他本人）对跨国交际过程中语言习得的解释进行评论和反馈。

经过研究，奥利文得出这样的结论：虽然过去关于国际贸易文化维度的研究提供给我们许多有用的经验，但由于跨文化的动态性以及对跨国贸易的诚信与信任的理解在许多方面还有偏差。虽然只看到同类集团，比如合资企业中的高级管理机构的不连续的互动，没有必要作为立项研究的问题，但是当目标放在理解公司层面的复杂过程时，诸如组织间的合并、跨文化交际能力的习得和知识的迁移等方面的理解以及文化互动的维度都会变得特别重要。那么通过观察公司层面的合作或抵抗的动态性分析，从个体文化互动的微观层面去考虑，交际的不和谐（dissonance）、文化的不和谐（dissonance）和语用失误（pragmatic failure）这些概念可以帮助我们丰富对战略实施和战略过程的理解。为了研究的需要奥利文对语用失误的"二分说"称谓进行了修订。

第六，把语用失误运用到自然科学的学者有：丹·基斯·麦克尼在《特别相对论的语用失误研究》（Pragmatic Failure of Special Relativity）一文中对爱因斯坦提出了100多年的特别相对论提出挑战。丹·基斯·麦克尼认为爱因斯坦所说的光的速度是最快的观点是不正确的，至少从物理学的角度是无法立足的。丹·基斯·麦克尼指出：特别相对论在数学的角度是有效的，可是却忽略了物理的现实性。正如美国科学家阿尔伯特·米切森宣称，他永远不会接受相对论，他说：爱因斯坦的理论自相矛盾，他使用错误的方法撞上了正确答案。我们认为这些观点看似与语用失误的常规话题无关，但仔细想想还是相关的。比如从语用失误方面去考察、从认知的角度去考察还是相关的。这只能说明语用失误既不是语言学界的专利，也不是社会科学界的专利。

通过对以上17篇标题或主题上带有语用失误的国外文献的研究，我们可以归纳如下：

第一，语用失误是一个社会的、自然的、认知的、民族的、不同文化的、多层面的语言现象。从社会科学到自然科学的研究领域都有学者采用了语用失误这一称谓，可见语用失误的普遍性。

第二，总体上没有脱离托马斯语用失误"二分说"的框架来分析语用失误的成因。的确，除丹·基斯·麦克尼的《特别相对论的语用失误研究》一文外，学者们往往都是从不同的视角来探讨人们交际的中断或失败的原因，得到的结论皆为：语用失误是其根源。尽管个别学者如奥利文和基娅拉想用"不和谐"（dissonance）来取代它的称谓，但读完全文，细细想来，他们恐怕也是心有余而力不足。

二、国内学者对语用失误的研究现状

之所以说上述所提的国外的文章来之不易，是因为国外直接做这方面的研究相对来说太少，可是我国学者对"语用失误"这一语言现象的研究却是热衷非凡。黄次栋应该是我国第一个对这一语言现象进行研究的学者，首先将它称之为"语用错误（pragmatic error）"，并把自己收集的10个有关语用错误的例子公开发表在《外国语》上面。我国第一位支持和介绍托马斯"语用失误二分说"理论的学者应该是何自然教授。托马斯在《应用语言学》杂志上公开发表时，何自然教授正好在加拿大进修学习，读到这方面的文章。1984年回国后他在广州外国语学院教授语用学，并指导他自己的硕士生撰写有关语用失误研究的硕士论文。1985年阎庄的硕士论文就是何自然教授指导完成的第一篇引用托马斯"语用失误二分说"理论完成的作品。次年，何自然教授和阎庄师徒二人把所研究有关语用失误的研究成果公开发表在《外语教学与研究》上。这应该算是我国第一篇公开发表、介绍和实证研究有关托马斯语用失误"二分说"的文章。1988年何自然教授编著的国内第一本语用学专著《语用学概论》问世，其中第七章"语用学的应用"专辟一节介绍语用失误"二分说"。从此我国学者对语用失误"的研究就有了理论依据（因为当时相关外文杂志很难读到）。为了便于研究上的称呼，我们暂且把这一时期界定为中国有关"语用失误"研究理论的"引进和形成期"。这一时期何自然教授功不可没，称得上语用失误理论的引领者。之后每十年为一个观察期，即，1999～2009年暂且称为"推广应用期"；2010～2017年暂且称为"应用完善期"。

进入"推广应用期"后迎来了我国学者对语用失误研究的第一个高潮。据中国知网统计，以"语用失误"为关键词公开发表的作品搜索到66篇，比第一时期或理论引进和形成期（2篇）多出64篇相关论文，主要完成于20世纪90年代，是原来理论引进和形成期的32倍。这些代表主要有何安平、王得杏、洪岗、杭宝桐、郁启标、钱昌勤、李宏伟、张志慧、席红宇、王琼文、蒋澄生、朱崇平、廖定中、朱金华、陈光伟、刘绍忠、陈夏芳、杜建育、曹春春、魏本力、王菲、俞东明、徐继宁等学者。"语用失误"的提出为第二语言的习得以及跨语言、跨文化研究提供了新的视角，为语言学习和语言运用中出现的问题提供了解释和说明的新思路。在这一个研究高潮期，学者们表现出一些共同的特点：

（1）区分了一些，如"语言错误""语言离格"等与"语用失误"相关的概念、增强了对语用失误的认识。学者们结合中国英语学习者的实际，通过收集丰富的实例，证实语用失误的存在。通过语用失误与语言离格、语用失误与语言变体、语用失误与文化等关系的探讨，揭示了语用失误存在的原因。还探讨了语用失误与跨文化交际效果的关系（包含本族语者对语用失误的容忍度以及语用移情的讨论）以及语用失误对外语教学的意义，并通过讨论语用失误与语言错误的区别，廓清了人们对二者之间所存在的本质不同的认识。

（2）采用问卷等方法进行定量分析，验证语用失误理论的正确性。学者们主要在语用失误"二分说"的框架下进行探讨，有少数学者，如王得杏，洪岗等通过调查问卷进行量化分析，说明这一失误现象普遍存在的原因，很有说服性，而且便于重复做，我们在本课题的研究过程中也会用到类似的研究方法。

（3）对文化差异的研究开始有深度、有理据。在"语用失误与文化"的关系探讨中，学者们善于结合汉英民族独特的宗教信仰、风俗习惯、社会制度、思维方式、价值观念等文化差异进行语用失误成因分析，显得有一定深度。不过也有一部分学者采取"拿来主义"的态度，直接抄来几个别人用过的例子来说明问题和现象，显得过于粗糙，不过对其本人的外语教学应该有一定启示和帮助。

（4）语用失误"二分说"被视为金科玉律，尚方宝剑。研究发现学者们普遍认为"二分说"十分完美，不愿意越雷池一步，只有少数学者指出：当我们的售货员对英美客人说"What do you want?"时，不能简单地看成是一种语用失误，因为它既有语言上的失误，也有社交方面的失误。

（5）对中国传统文化的理解根深蒂固。中国是一个五千年的文明古国，礼仪之邦，所以在汉英人士言语交际中学者们喜欢从中国传统文化的角度衡量，并认为因汉文化人士的语用失误而违背合作原则、礼貌原则等语用原则，从而导致言语交际的中断或失败。随着改革开放的深入，汉英文化的不断碰撞与融合，学者们一味认为只要是言语交际中断或失误就归罪于中国传统文化是否合理，我们认为这种看法值得商榷。

跨入"应用完善期"后，我国学者对语用失误的研究迎来了第二次高潮。据中国知网统计，以"语用失误"为关键词公开发表的作品达943篇。相关文章比第一高峰期多出877篇，是第一高峰期的13.28倍，是第一时期——理论引进与形成期的438.5倍。另外，这一时期学者们表现出来的特点除了具有"推广应用期"的共同特点外，还具备以下特征：

第一，研究的热情越来越高。从前面查阅的相关论文数量观察可窥一斑，中国学者对这一语言现象的研究情有独钟，同期相比，论文数量成倍增长。尽管如此，据我们的调查，许多基础教育英语教师对"语用失误"仍毫无了解，他们只对基础语法教学津津乐道。这是一种典型的只注重英语学习者语言能力的培养而忽视语用能力发展的教育模式。

第二，从研究的材料而言，大都局限于一些片段的对话。少数学者除外，很少从情感和认知的角度去分析学生产生语用失误的深层原因。然而人作为交际的主体，其认知和情感在学习的过程中起着主导作用。如果讨论语用失误不从这些方面去考虑，可能会缺乏研究的深度。

第三，就已经开展的语用习得实证研究而言，大部分是横向研究（cross-sectional study），纵向研究（longitudinal study）仍然比较少。语用失误实证研究自然也摆脱不了这样的遭遇和近况。

第四，对中国传统文化的理解更加理性。如彭康洲针对曹春春一些传统文化所持观点颇有微词。曹春春认为"在西方文化中男性称赞、恭维女性漂亮可以说是很平常的事，但在中国传统文化中基本是个禁忌，如果一男子对中国姑娘说：'你是个很性感的姑娘'，他就可能冒犯了这位姑娘，中国女孩对这样的恭维很难接受，她会感到受到了某种侵犯"。彭康洲指出：社会是不断变化的，如果老是拿传统的东西与国外的现代文化相比，当然就有差异。恐怕就是在中国古代的唐朝赞扬女性也不是一种侵犯，在中世纪的欧洲，可能就成问题。因为上面这则例子没有表明西方文化是现代还是古代，所以二者没有可比性。我们要做的是，不能在不同文化中画出泾渭分明的一条线来。我们相信，随着交流越深入，在不同点存在的前提下，相同点会越来越多。以英美文化定势和语用规则为中心的跨文化语用失误研究使得交际双方的话语权力失去平衡。如果以这种心态研究语用失误，结论便会有失偏颇。

第五，少数学者对托马斯提出的语用失误理论研究开始进入深入阶段。具体表现在：①对"二分说"理论提出质疑，如刘绍忠、钟国仕、周芬芳；②对语用失误的概念进行细化的有：龙翔、黎政、汪滔、周芬芳、唐红芳等；③对托马斯跨文化语用失误理论略加批评的有刘长江学者。但是这些质疑和批评都很少且相当零散，不够系统，对中国这支庞大的热衷于语用失误研究的外语学习者尤其是英语学习者帮助不大、影响不深。这也是我国学界依然把"二分说"当成金科玉律的真正原因。这样很不利于语用学，特别是"语用失误"理论的发展。

总之，以上三大时期所表现出来的特点，既包含中国外语学者们对语用失误研究的优势与贡献，也同时反映了他们对相关研究的不足。

三、托马斯对语用失误研究的成就

通过对国内外相关学者以"语用失误"为主题的研究，我们认为托马斯对语用失误的研究的成就主要有：

首先，托马斯第一次提出了"语用失误"这一概念。她认为"语用失误"的称法比"语用错误"的说法更好。我们也认为"语用失误"这个术语更加准确和科学，解释力更强。比语言失误、语言错误、交际失误、语用错误等概念更具有解释力。用托马斯自己的话说,"我们谈及'语法错误'是合理合法的,因为是否合乎语法至少可以根据语言教学目的的说明性规则加以判断。然而,不能说某个话语的语力是'错误的'。我们只能说该话语未能成功地达到说话者的目的。而我的兴趣就是想告诉大家它为什么会不成功"。她这一观点在跨文化交际研究领域里赢得了广泛的认可和赞誉,"语用失误"概念一直以来被国内外研究者广泛地引用和推崇,从前面的调查和搜索的结果可窥一斑。这也是托马斯对这一领域的研究的最大贡献。

其次,从语用教学的角度看,托马斯对跨文化交际失败的根源研究敢为人先。这对语用学理论的发展功不可没,特别是鼓励语言教师进行语用原则教学,提高语言学习者的语力方面起到了模范作用。正如托马斯所指出:"语用失误是一个非常重要的关于跨文化交际失败的领域,但没有得到(语言教师和研究者的)任何重视。"她进而说道"语用失误就是跨文化交际中断或失败的重要根源,但尽管如此语言教师和教科书作者几乎都完全忽视了"。接着托马斯进一步强调,"在言语交际中,说话者没能依据标准的语法编码模式去遣词造句,顶多被认为是说得很糟糕,但若说话人没有按照语用原则来处理话语,他就会被认为是表现不好,是不真诚的、存心欺骗的或居心不良的人"。

再次,托马斯的语用失误"二分说"也是极具解释力。她把"语用失误"分为"语用语言失误"和"社交语用失误"的思路比较清晰、合理,人们易于接受,对很多语用失误现象也具有较强的说服性,为跨文化交际失败的本质或根源研究提供了新的视角,引导了人们在跨文化交际领域中对语言习惯和社会规则的重视力度。为语用学,特别是跨文化语用学、语际语用学、发展语用学等理论发展和应用,做出了较大的贡献。

最后,托马斯对"跨文化"(cross-cultural)概念的阐释和"跨文化语用失误"的选题具有很好的合理性和归纳性。用"跨文化"这个术语作为一个描述的速记方法并不局限于跨越国界的本国人和外国人之间的互动交流,而应包括在任何领域不具共享语言或文化背景的两个人之间的交际。因此,雇方和受雇方、民众和警察、大学老师和大学新生等之间的交际都可能是"跨文化"的。从文中她所引用的各类语用失误案例我们也能体会到指的是一种比较宽泛的跨文化言语交际,比较合理,正如北京外国语大学跨文化交际学者胡文仲教授给跨文化交际定义时所言"具有不同文化背景的人从事交际的过程就是跨文化交际"是一个道理,而且只要是跨文化交际就有可能发生语用失误,即便是夫妻之间、师生之间、学者之间等也会发生语用失误,因为完全相同文化背景的两个人很难少。我国学者钱冠连教授在《汉语文化语用学》的"容忍语用失误策略"一节中还专门举过许多汉民族间语用失误的例子。这些都说明了人们在言语交际中语用失误的普遍存在现象。

四、托马斯对语用失误研究的不足之处

（一）定义模糊

为了让人们明白什么是"语用失误"托马斯一开始就对它做出如下定义，即"不能理解所说话语的含义"。钱冠连教授认为"这不像是说话人语用失误，倒像是听话人的无能"。我们也认为这里的"failure"和"ability"或"pragmatic failure"和"inability"不能完全对应。这样的定义让人感到模糊不清，不易于理解。

（二）语用失误"二分说"的术语称谓让人感觉混乱，不便于记忆和复制

托马斯在给语用失误分类时直接采用了李驰在《语用学原则》中"语用语言学"（pragmalinguistics）和"社交语用学"（sociopragmatics）两个分支框架分别分为"pragmalinguistic failure"和"sociopragmatic failure"两大类。这就是我们常听到的语用失误"二分说"。何自然教授把它们直译为"语用语言失误"和"社交语用失误"。这种直接套用法我们认为过于死板，无论是从构词法还是分类法看都不像是专业的分类，让人感觉混乱，不便于记忆和传播。也许李驰当时给语用学分类时就没有考虑到这些不足而留下了遗憾。我们试给"二分说"改为"linguogragmatic/lingualpragmatic failure"和"sociopragmatic failure"或把第一个词分开写成"linguistic pragmatic failure"和"social pragmatic failure"更符合分类法，都可译成"语言语用失误"和"社交语用失误"。我们的这一做法在语言学课上得到全体学生的赞同和支持。

（三）"二分说"横切面过于清晰

何自然强调：两类语用失误的区分不是绝对的，由于语境不同，双方各自的话语意图和对对方的话语的理解都可能不同，因而某一不合适的话语从一个角度看可能是语用语言方面的失误，但从另一个角度看，也可能是社交语用方面的失误，如果我们的售货员把汉语中的招呼顾客用语"您要点什么？"套到英语中，去招呼讲英语的顾客："What do you want"，这两句话的语义相同，但"言外之力"不同，前者在讲英语的本族人听来好像是极不礼貌的询问；但后者只要语调得当，在讲汉语的本族人听来却是相当得体的商场用语。从这一点看来这个"What do you want"所导致的失误，属于语用语言方面的失误。但在现实的交际活动中，讲英语的本族人因听到这种象审问、吆喝的话而感到不快，这种失误也就成了社交语用方面的失误了。

基娅拉·扎姆布瑞琳也指出："我这里的目的不是想取代托马斯的概念，而是提醒大家注意一个事实，即语言语用失误和社交语用失误的区分不是一个清晰可辨的二分说，而是一个连续统。"托马斯自己在文中小结时也如是说："在这个连续统中间肯定有一灰色地带，这个灰色地带不可能把二者的任何程度分开。"

（四）"二分说"不够全面和系统

如上所云，在中国，语用失误研究进入"应用完善期"后，人们开始变得理性起来。龙翔、黎政指出：言语交际和非言语交际中都有可能发生语用失误，托马斯只考虑前者是不科学的，就不可能对语用失误这一普遍现象进行很好的归纳。持类似观点的还有李元胜、李绪微、周芬芳、周芬芳、唐德根等学者。刘绍忠，钟国仕也对托马斯语用失误"二分说"提出过质疑，并通过归纳和分析的方法从认知角度提出他们的语用失误"五分说"的观点。

（五）对导致语用失误的条件解释有矛盾之嫌

根据托马斯的解释，当导致交际中断的误解发生时，语用失误就产生了。那么是否"误解"或"交际中断"被托马斯认为是判别"语用失误"的充分条件，抑或必要条件？如果说话者明显违反语用原则而使用了不当的词语，而因为听话者成功地猜出了说话者的意图而没有出现交际中断，那么是否可以说，在这个没有出现交际中断的交际中，也就没有语用失误发生呢？下面这个真实的例子是 Thomas 在苏联见证的经典案例，是否有托马斯意义上的语用失误呢？第一种情况是：

【案例9】英国人：Is it a good restaurant?（那家饭店好吗？）
俄国学生：Of course.（当然。）

在英国，以"当然"（of course）应答时暗示听话人认为问话者问了一个一目了然的很傻的问题，所以一般来说，听到这样的应答，英国人会将其理解为"你怎么这么傻，居然问出这样的问题"而感觉受到伤害。但是，假想这个英国人因为在俄国长期执教而准确地理解了俄国学生所要传输的信息"绝对很棒"，没有误解，没有交际中断，那么，上述被广泛引用的语用失误的例子还算是语用失误吗？如果"是"，则说明"交际中断"或"误解"并非是语用失误的必要条件；如果"不是"，那又如何解释呢？这是一个公认的语用失误的典型案例。

第二种情况是：当说话者使用了合乎语用规则的正确表达，但因为听话者的文化缺失而产生误解和交际中断，那么，在这个既有误解又有交际中断的交际中，是否有托马斯意义上的语用失误？

【案例10】选自刘长江曾经在加拿大一段学习中经历的一个例子，有一次上课时，加拿大籍老师走向一个漂亮的中国女孩。

加拿大老师："Could you tell me something about this, woman?"
中国女孩：（沉默）

这个女孩看了老师几秒钟，什么话也没说，弄得老师一头雾水，只得尴尬地走开了。后来得知，女孩因为被称为"女人"而感到不悦。这个女孩当时不知道，其实老师没有任何恶意，因为大多数加拿大成年女孩都更愿意被人称为"Woman

而不是"Ms""Girl"或"Lady"。在这个例子中，由于听话人缺乏足够的语用能力而导致了误解和交际中断，那么是否有托马斯意义上的语用失误出现呢？如果"有"，那么罪责也自然不在语言使用者身上而是在那个女孩身上。也就是说，沉默也会出现语用失误。如果"不是"，那怎么又会出现误解和交际中止呢？这是否意味着误解和交际中止还不是语用失误出现的必要条件？那么出现语用失误的关键条件又是什么？从上面两个例子可以看出，托马斯关于"语用失误"条件的解释力还是有限的甚至在矛盾之嫌。

（六）对"语用失误"与"误解"两个概念视为等同

托马斯在给第一层次和第二层次的误解下定义时是这样解释的：第一层次误解，即对理解说话者所表达的命题的失误。也就是托马斯通常所说的语言语用失误的第一层次失误，其经典例子如下：

【案例11】A（长途汽车乘客）：Ask the driver what time we get to Birmingham.
B（长途汽车乘客）：Could you tell me when we get to Birmingham, please?
Driver: Don't worry, love, it's a big place —I don't think it's possible to miss it!

在这个案例中，B 用 when 分句向司机转达了 A 的意图：想知道什么时候能到达伯明翰，但司机以为 B 要求驶达伯明翰时告诉他一声。于是司机误解了 B 的询问。

再看第二层次的误解，即对理解说话者话语意图语力的失误。也就是 Thomas 通常所说的语言语用失误中的第二层次的失误，其经典例子如下：

【案例12】A: Is this coffee sugared?
B: I don't think so. Does it taste as if it is?

在这个案例中，B 以为 A 只是提出"询问"，想知道"咖啡是不是放糖了？"但实际上 A 想表达的言语行为是"责怪"，意思是"你又像往常一样忘了在咖啡里放糖了。"显然，如果 B 正确理解 A 的用意，他应该表示歉意，并主动去取糖。但可惜 B 将 A 要表达的"言外之力（illocutionary force）"误解了。

从以上两个案例我们发现托马斯把"语用失误"视为"误解"，这必然会造成学者们的误传，比如宗世海在《误解研究的历史、现状和问题》一文中曾指出："托马斯在文章中对'语用失误'概念进行了系统的理论阐释，所谈内容实际上都是跨文化交际中的误解。托马斯把误解分两个层次……。于是宗世海进一步指出他所谈论的语用失误仅指托马斯第二个层次的误解，它又分为两小类：语用语言失误和社会语用失误"。这完全被托马斯误导了。我们认为"语用失误"和"误解"完全是两个不同层面的概念和语言现象。就拿【案例11】和【案例12】来说发生语用失误的对象分别是"长途旅客B"和"话者A"，造成误解的对象则分别是"Driver"和"B"。所以完全把"语用失误"等同为"误解"是一种误导。

（七）从"目的语"还是"本族语"的角度来确定语用失误不明确

托马斯最初在介绍"跨文化"这一概念和范围时我们非常赞同。可是在研究过程中我们发现托马斯在举例说明什么是第一层次和第二层次的语用失误时，所举的例子都来自她的母语——英语，本族语间所发生的语用失误，让人觉得是她所定义的跨文化间的交际的体现；在讲到语言语用失误时她所举的例子全是她在俄国上课时所积累的例子，而且发生语用失误的都是把英语作为外语的俄国人，受到伤害的都是持英语的本族人，这样给人一种语言霸权主义的倾向；在讲到社交语用失误这一章时搬出来的全是理论的东西，没有见到一个实例，真让人摸不清她是以"目的语"还是"本族语"的角度来确定语用失误。根据维索尔伦（Verschueren）所提出的语言适应性（adaptability）特征，钱冠连这样翻译道：说话人与环境的双向适应，既然是双向适应，就不是一方服从、顺从另一方的单向关系，故将"adaptability"译为"适应"与"适应性"。所以我们认为无论是"目的语者"还是"本族语者"，在言语交际中应该从交际双方角度去考虑语言的使用情况（包括语用失误），才有助于交际活动的成功。

（八）曲解有所提及，但没有深入地与语用失误进行对比分析与研究

托马斯提出："当然不是语用失误导致非本族语者曲解或引起话语语力意图被曲解，而是低层面语法的不完善的掌握"。托马斯注意到了语用失误与曲解不是一回事，但没有做出任何分析，给读者和听者留下一些遗憾，这样会让人觉得语用失误到底是不是曲解？二者的区别在哪里，不得而知。这有待进一步地探讨和研究。

第三节　语用失误的定义及分类

一、国内外学者对语用失误的定义

经过研究我们发现"语用失误"的定义国内外学者不统一，甚至还有很大的争议。

"语用失误"最早由英国语言学家托马斯在她的硕士论文中提出的，第二年她把硕士论文的主要内容公开发表在《应用语言学》上，她从听话人的角度给语用失误下过这样定义，即"不能理解所说话语的含义"（the inability to understand what is meant by what is said）。此定义既得到许多国内外学者的引用和支持，也引起一些学者的质疑，我国学者钱冠连直言"这不像是说话人语用失误，倒像是听话人的无能"。我们也有同感，认为托马斯的定义中的关键词"failure"与"inability"无法对应。

瑞利称"语用失误"为"语用错误"，它的定义是："语用错误是两种文化互动的结果。即一个人的交际行为往往受到她/他所处的社会文化规则制约，当适用于一种社会文化规则的交际行为被用在另外一种社会文化规则之中，这种情势下就会导致语用错误。"但目前我国学者更喜欢称"语用失误"。

何自然是我国公认的第一位引进语用失误理论的学者，他对语用失误下的定义是：人们在言语交际中，因没有达到完满交际效果的差错，统称为语用失误（pragmatic failure），这类语用失误主要归因于说话的方式不妥，或者不符合表达习惯，或者说得不合时宜。后来，何自然进一步解释说：语用失误不是指一般遣词造句中出现的语言运用错误（performance errors），而是说话不合时宜的失误，或者说话方式不妥、表达不合习惯等导致交际不能取得预期效果的失误。此概念经常得到中国外语学者的引用。

钱冠连认为，"说话人在言语交际中使用了符号关系正确的句子，但不自觉地违反了人际规范、社会规约，或者不合时间、空间，不看对象，这样性质的错误就叫语用失误"。此定义也经常得到中国外语学者的引用。我们也比较赞同这样的定义。

刘绍忠却认为：人们在言语交际中由于差错没有达到完满的交际效果，可以统称为语用失误（pragmatic failure）或者叫语用误差（pragmatic error）。

二、对语用失误的定义

通过研究，笔者认为：语用失误指人们在跨文化交际语境中交际的一方由于无意识地运用了不适当的言语或非言语行为而发生的差错，它是一个社会的、自然的、认知的、民族的、不同文化的、多层面的语言现象。它是一个任何人群即便是夫妻之间、学历学位年龄相同的两个人之间都有可能发生的一种语言现象。这里的"跨文化"类似于托马斯所主张的"cross-cultural"的含义，是一个宽泛的概念，指任何具有不同文化背景的人们之间所发生的各种情况。这里的"交际语境"是指言语交际和非言语交际语境之总和。

三、语用失误的分类

为了方便教学，托马斯把语用失误区分为"pragmalinguistic failure"和"sociopragmatic failure"，我们把它们分别称为"语言语用失误"和"社交语用失误"两大类。接着她进一步解释说，所谓语言语用失误指：当说话者映射在某一特定话语上的语用力（pragmatic force）有别于以该话语为母语的人通常所映射的语用力，或者当说话者将母语的会话策略错误地迁移到目标语上的时候，语言语用失误就产生了。

诚然，在跨文化交际中，非本族语者倾向于把某些语义或句法相同但具有不同交际规约的词语或结构直接从母语套用到目的语里，中国英语学习者也不例外。他们的话语违反了英语的原则或者背离了英语的规范用法，而且他们赋予某个语言标记或者结构的语用力与操英语的本族语者习惯所赋予的完全不同。结果，本族语者要么接受非说话人所要表达的言外之力，要么就觉得说话人的话语毫无意义或者很不得体，甚至有时做出错误的语用推断。例如：

【案例13】一个中国的英语学习者恭维一位以英语为母语女主人的窗帘做得好。
Well, I didn't expect you could made so pretty curtains.

【案例14】一个中国的英语学习者在晚会上，恭维外国朋友的口才。
You know quite a lot and have a smooth tongue.

【案例13】和【案例14】两句都被当成恭维语说出来，但在操英语的本族人看来，【案例13】暗示着听话人实际上显得笨手笨脚。她能做出这么漂亮的窗帘，是说话人意想不到的。这样一来，"恭维"这个意图非但没有表达出来，相反，却表达了与说话者原意相反的意图——"挖苦"或"讽刺"。【案例14】里的"have a smooth tongue"（油腔滑调）使说话者的好意前功尽弃，这里"恭维"变成"侮辱"了。显然，这两句话的失误都是出于受到汉语的干扰。这种把汉语的习惯表达直接翻译到英语里，而忽略汉英话语可能表达的不同言外之力（illocutionary force）从而导致语言语用失误，在学生交流中是屡见不鲜的。

如果说语言语用失误是因为措辞不当或误解意图等原因所致，那么社交语用失误则更多是属于谈话双方因文化背景不同、信仰不同而引起的社交准则差异所造成的差错。托马斯是从李驰那里借用来的概念，指的是被安置在使用中语言的社会条件。而且她从话语接受的程度、禁忌语、相关权势或社会距离在跨文化上的不同评价三个方面展开了论述，有理有据。中国英语学习者在与操英语的本族人交际时，喜欢根据汉文化的习俗观念和价值取向，用英语来表达他们的思想感情，却忽略了制约英语运用的社会文化因素，因此，在交际中就难免会出现社交语用失误。例如：

【案例15】一个中国学生在英国，正想去机场。
Excuse me, would you mind taking me to the airport?

在西方向出租汽车司机说这样的话，句子中有礼貌的社交指示与说话人所处的语境不相称，因而造成社交语用失误。在这种场合，雇车的人只需说一句"Airport, please"就足够了。

【案例16】一个中国学生恭维穿着新裙子的英国中年妇女。
You look nice and younger wearing this dress.

本案例涉及西方人视为"禁忌"的妇女年龄问题。这句话很有可能得罪听话人，因为它可理解为"You usually look old, it is the new dress that makes you appear younger"（你平时看起来很老，是这件新裙子才使你显得年轻）。如果对一个七八十岁的人说他/她显得年轻，那样是可以接受的，但千万不要对一个中年人，尤其是中年妇女说这样的话。

【案例17】一个中国学生恭维一个阔别多年的外国友人。

You haven't changed much.

这句话并没有"You haven't become older"的意思。我们知道，不同的文化背景对"礼貌""含义"的观念价值也不相同，在某个文化背景里这句话的结果可能会给听话人带来不快，因为再加上"change"的观念价值在西方人的心目中相当高，人们总是想变，因为他们说世界是在不断变化的。对一个英语本族语人说他"没有变""还是老样子"，只会贬损对方，而丝毫没有"恭维"的含义。

以上所述就是我们通常所说的托马斯语用失误"二分说"。下面再看看国外其他学者对语用失误的分类。

在国外，语用失误"二分说"占据很重要的地位，很少有人提出异议，一般都在"二分说"的框架下分析语用失误的成因。当然也不排除个别学者如奥利文·伊尔曼（Olivier Irrmann）根据自己对跨国企业员工交际策略的研究也提出了自己的"二分说"，即"语言语用失误"（linguistic pragmatic failure）和"商务语用失误"（business pragmatic failure）。他进一步指出："语言语用失误"是指双方已公认的语篇、信息内容和交际媒体的文化形式出现了差异。我们认为就是托马斯所指的"pragmalinguistic failure"，而"商务语用失误"则指适切的决策过程、正确的获取顺从策略的不同解释以及通过后天努力获得某元素中的经济角色，出现分歧。奥利文进一步解释道：当受试者谈及"缺乏信心、缺乏能力、不愿合作、不可接受的行为、官僚制度、私密文化"时，对于面子价值观方面的标签他们就没有必要顾及了。从概念看有托马斯所说"社交语用失误"的内涵，可是通过奥利文的解释反而觉得"商务语用失误"似乎早就可以预测，甚至是故意发生的。

四、国内学者对语用失误的分类

我国学者基本上都视托马斯语用失误"二分说"为金科玉律，直到语用失误研究进入"应用完善期"后，少数学者开始对这种"二分说"持理性态度。如清华大学外语系胡庚申在有关国际交流语用学理论里根据交流影响的大小就把"二分说"改为"三分说"：（1）轻微失误（slight mistake）——对总体交流效果没有影响；（2）一般失误（less serious mistake）——对总体交流效果有一定的影响但不严重；（3）严重失误（serious mistake）——对总体交流效果有严重的影响。胡庚申教授针对不同类型的交流语用失误，提出了处理失误的"补救原则"，该补救原则包括两个准则："不必补救准则"（Unnecessary Remedy-making Maxim）和"必须补救准则"（Necessary Remedy-making Maxim）。不必补救准则适合于"轻微失误"和部分"一般失误"；必须补救准则适合于"严重失误"和部分"一般失误"。在补救策略上,狠抓补救的时机、场合、方式、表达等情况,必须补救又有"直接补救"(Direct Remedy)和"间接补救"(Indirect Remedy)之分。即各类交流语用失误的补救均可采用自接的或间接的方式处理。胡教授还用了"mistake"取代了托马斯的"failure"说法。胡教授的"三分说"表面上比托马斯的"二分说"容易理解,可是仔细分析一下不难发现:到底什么程度的失误为轻微失误,什么程度的失误为一般失误,什么程度的失误为严重失误?要想区分恐怕不是一件易事,其中的分界线绝不可能是清晰的,一定有许多的重叠。另外,"mistake"改为"failure"似有欠妥,前者往往给人一种不小心说错,而后自己可以改正的感觉,其实语用失误的发生更多情况是无意识的,说话者不觉得自己说漏嘴。

刘绍忠、钟国仕采用言语交际中语用关联的框架把语用失误分为五类,即:语用个体关联失误、语用社会关联失误、语用语言关联失误、语用认知关联失误和语用文化关联失误。我们暂且称之为语用失误"五分说",与托马斯的"二分说"相比,这种分类方法更加细化、更加清晰,甚至连托马斯排除在外的(因紧张、愤怒、兴奋等情绪而说漏嘴的失误都被融入了语用个体关联失误,增强了语用失误的解释力。这是它的优点,恐怕也是它的缺点,因为分类太细人们更加难以记忆。另外两个不足:(1)五种分类指的都是言语交际中的语用失误,像托马斯的"二分说"一样,把非言语交际中语用失误排除在外;(2)无论从构词法还是分类法来观察,这样的分类显得概念混乱。如果从构词法考虑,这里的中心词是"语用失误",要扩充它的词类一般通过加前缀或后缀,中心词不能分开,当然也有加中缀,这种情况很少见;从分类法考虑,"语用失误"是一个大类,它的小类一般在大类前增加修饰词,如什么什么的语用失误,这就有点像我们为什么说托马斯"二分说"中"pragmalinguistic failure"应该是"linguopragmatic/lingualpragmatic failure"的原因。

李元胜和周芬芳在托马斯"二分说"的基础上增加了"行为语用失误"的概念,英语术语称为,"pragma-behavioral failure",我们暂时称之为语用失误"三分说"。所谓的"行为语用失误",其实是指跨文化非言语交际中的语用失误,尽管李元胜先生称之为非语言交际中的语用失误。其实我国真正第一次提出非言语交际中语用失误并对其进行研究的应该是龙翔、黎政两位学者,只不过他们没有将其称为"行为语用失误"而已,当然他们也没有对其进行细化研究。托马斯"二分说"把非言语交际中的语用失误排除在外,我们也感到遗憾,但是我们认为用"行为语用失误"这样的术语称谓似乎欠妥,难道托马斯"二分说"就不是言语行为中的语用失误?重叠性太大,让人难以接受。另外英语术语"pragma-behavioral failure"也是受托马斯"二分说"中术语"pragmalinguistic failure"的误导,不像是给"语用失误"分类。

最近刘长江从交际者角度提出了一种更简洁的分类法:"说者语用失误"和"听者语用失误"或"说的语用失误"和"听的语用失误"。我们暂且称之为刘氏"二分说"。这种分类几乎是无可挑剔的,看不出哪里不好,而且简单易记、容易分辨、没有重叠。但仔细一想,非言语交际中有时不一定非要说,不存在说者,只有交际者怎么办?所以刘氏"二分说"的解释力还是有限的。再说,刘氏也只是提出而已,至今没有见到他做进一步的解释和说明,中国英语学习者也无法借鉴和传播。

以上学者对自己研究的语用失误都进行了分类,虽然各自的分类都存在一些不足,但至少有一点是值得肯定的,即对托马斯的"二分法"发现了不足、提出了质疑、打破了是金科玉律的看法,为中国外语学习者语用失误的研究翻开了新的一页,为推动语用失误理论研究的发展做出了应有的贡献。

五、本研究对语用失误的分类

鉴于上述国内外学者对语用失误分类的不足,笔者想尝试一下自己的分类:

第一,从人们交际手段来看,分为两种类型:

1. 言语交际语用失误(verbal communicative pragmatic failure)。

2. 非言语交际语用失误(non-verbal communicative pragmatic failure)。

因为"绝大多数研究专家认为,在面对面交际中,信息的社交内容只有35%左右是言语行为,其他都是通过非言语行为传递的",所以非言语交际语用失误被排除在外是不科学的。在【案例10】中导致交际中断的主要原因应该是中国女孩的沉默所犯的非言语交际语用失误所致。因为沉默赋予的社会意义很多,西方有的学者将东方人的沉默视为在人际交往中缺乏信心,甚至认为东方人的沉默态度是对交际对方的蔑视或侮辱,所以在【案例10】中因为中国姑娘的沉默使得加拿大教师尴尬地离开,导致交际彻底失败。这样的例子很多,例如:

【案例18】一次受一个中国朋友A之邀,John参加了晚宴。中国人素有好客的传统美德,席间不断帮其添菜、加酒。请看对话:

A: Help yourself to some more fish.(一边还帮夹鱼)

John: Here.(一般用手放在自己的喉头,手指伸开,手心向下。)

A: My god, here is the water.(主人以为是被卡住喉头,急忙拿来水。)

在这个语境中,由于主人不明白英美人把手放在自己的喉头,手指伸开,手心向下,指的是"我已饱了"之意,因为按中国人的习惯,如果饱了,常把手放在自己腹部轻轻拍一下即可。从而导致非言语交际中的身势语语用失误,影响了交际效果。当然这一手势如果换在别的语境中,中国人还会以为是自杀或杀害之意。

第二,从个人心理素质和语用能力的角度可以分为四大类型:

1. 语言语用失误。

2. 社交语用失误。

3. 心理语用失误。

4. 副语言语用失误。

其中含有"pragmatic"的合成词都可以分开拼写，这里的"语言语用失误"和"社交语用失误"含义同托马斯的"二分说"，不再赘述。

这里的"心理语用失误"指的是由于说话者心理激动、紧张、兴奋、悲观等情绪所造成的语用失误，如说漏嘴，词不达意等都有可能发生语用失误。例如：

【案例19】实习生A在上第一节英语课。上课铃一响：

A: Class is over.

Class: Good morning, teacher.

"Class begins"和"Class is over"是常用的英语课堂用语。上课铃一响，随着老师一声"Class begins"，全班同学会礼貌地起立，向老师问好，然后课才进行；而下课铃响后，老师说了"Class is over"，学生才可以跟老师说再见，离教室而去。可是本例里的A在刚敲上课铃、自己带着准备好的教案兴奋地走上讲台时却冒出一句"Class is over"。这是他不高兴？不想上课？都不是。走上讲台为人师是他梦寐以求的事，他当然很想上课。可是，他用的这个形式正确、功能不当的表达法确实是语用失误。

那么，这是语言语用失误还是社交语用失误呢？看来也都不是。因为这个失误与A的兴奋和紧张心理分不开，如果把它归为语用语言失误或社交语用失误让人感到牵强和不妥。一个师范大学生经过四年的学习，在老师的培养和帮助下，经过自己的一番努力拼搏，马上就要当老师了，在这个人生的转折点上他多么想为自己和别人留下一个美好的印象。然而，第一次站在讲台上，下面几十双天真可爱的眼睛在盼望着自己，激动和兴奋之余，这位实习生紧张得措手不及，竟然把老师每天都说、自己在教案里也写进去的上课第一句话说成了一节课要讲的最后一句。这显然不是知识欠缺，而是心理引起的语用失误所致。好在学生习惯了一节课开始的套语，说了一声"Good morning, teacher"，才避免了尴尬。

【案例20】某节目中当主持人A得知当天刚好是从韩国来的演员A生日时，出现以下插曲：

其他主持人：生日快乐！

主持人A：Happy New Year!

其他主持人：Happy birthday!

演员A：Thank you!

主持人A在本案例中得知来自韩国的演员A生日时，非常激动，听到同事们祝她"生日快乐"担心她没听懂这句汉语，赶紧补一句英文，本来想说"Happy Birthday!"，却说成了"Happy New Year"。搞得全场哄堂大笑，弄得演员A不知如何应对，表情有点尴尬，交际几乎中断，幸好其他主持人反应很快，补出一句英文"Happy birthday!"这里的主持人 A 绝对不可能不知道这两句英语的区别，可是由于当时的激动，却说错了，造成了语用失误。这里如果用托马斯的语言语用失误或社交语用失误都无法解释这一现象，所以把它归为心理语用失误比较合适。

下面谈论"副语言语用失误"之前，我们先简单回顾一下"副语言"（paralanguage），又称"副语言学"（paralinguistics）。语言学文献中的副语言可以分为狭义和广义两种。狭义的副语言指的是超音段音位学中的韵律特征（prosodic features）如语调、重音等，突发性特征（spasmodic features）如说话时的笑声、哭泣声等，以及次要发音（secondary articulations）如圆唇、化音、鼻化音等。这些特征可以表明说话人的态度、社会地位及其他意义。广义的副语言不仅包括上述的狭义副语言特征，而且包括一些非声特征，如面部表情、视觉接触、体态、手势、谈话时双方的距离、时空、环境等。当代的副语言研究往往是广义的副语言研究，而狭义的副语言特征常常被称为副言语特征。副语言学的经典之处在于，尽管其不像语言那样有一定的文字形式，但在一定的文化背景中却也有其相对固定的表现形式和特殊性、简洁性、幽默性以及模糊性等特征。同时，言语交际在很大程度上要依靠副语言交际才能得以有效地进行。副语言作为辅助的交际系统与语言在交际中相互渗透、相互补充、互为共存。

人类交际是言语交际和副语言交际的结合。副语言交际又称非言语交际，是整个交际中不可缺少的重要组成部分。史蒂威克（Stevick）在《教学和学习语言》'Teaching and Learning Language'，一书中说："如果说言语交际是用来叙述细节的，非言语交际则为言语交际提供了叙述所需的纸张和解释所依赖的背景。"罗夫蒂（Loveday）也说，"使交际导致失败或使人们感到被冒犯或被侮辱的，与其说是语言的失误，倒不如说是社会语言和副语言的失误，因为这些较为微妙的交际方面往往为人们所忽视，其实交际中的情感意义主要靠这些来表达"。

博德惠斯特尔（Birdwhistell）认为，"在交谈或相互说服时，可能至多有30%~35%的交际意义是通过词句来表达的，其余的交际意义则主要靠副语言来表达"。梅拉宾（Mehrabian）和菲利斯（Ferris）则认为，"交际中面部表情传播55%的信息，声调传播38%的信息，而词句只承载7%的信息量"。阿贝克隆比（Abercombie）的说法则更为简洁："我们用发音器官说话，却用整个身体交谈"。

那么什么是副语言语用失误呢？

综上，笔者从广义的副语言角度这样定义：跨文化交际中凡是副语言的使用不当而造成的失误通称为副语言语用失误或非言语交际语用失误。这里也包括托马斯所排除在外的一些语用习语，如个人方言（idiolect）。请观察下面例子：

【案例 21】正音教学与考试

甲是一位在中国教英文的美籍教师。他喜欢别人用美国英语跟他交谈，这样他会感到虽身在异乡,却倍感自然和亲切。可是在他到中国之前,学生学的都是英国音。他听起来感到不顺耳,于是花了很多时间纠正学生的发音。期末考试,他要求每人当着他的面念一段文字,然后对话。乙不理会甲的用心、语言感情和言语习惯,经过甲一个学期的谆谆教诲,乙虽然懂了美语与英国英语在语音语调上的主要区别,但因为学生乙不顾及教师的用心,却没有在考试时很好地使用这些知识,令甲不高兴和不满意。这是中国学生副语言语用失误的一个例子。

再看一例:

【案例22】是疯狗还是风口

学生(壮族):老师,请别正对着"疯狗"坐,会感冒的。

老师:"疯狗"在哪里?

其他学生(嬉笑):是"风口",不是"疯狗"。

在这个跨文化交际中,这位壮族学生所犯的是一个由语音导致的副语言语用失误的例子。广西是壮族的摇篮,壮族人口占据全区11个少数民族的绝大部分。壮族人对某些清辅音(如 t, k, p)很难发出来,于是常常用相对应的浊辅音(如 d, g, b)来代替。所以跟壮族人打交道经常会遇上把"两口子"说成"两狗子""西瓜,你吃大片,我吃小片"说成"西瓜,你吃大便,我吃小便""风口"说成"疯狗"等情形也就见怪不怪了。在英语课里遇上有个别浊化音的单词,如"study, school"壮族学生几乎是无师自通,发得很漂亮,在语言习得中这称为语言的正迁移,可是一旦遇上像"apple, topic"之类的单词,壮族学生往往很费力去发音,语言习得中这称为语言的负迁移,这里我们称之为副语言语用失误。

【案例23】交际双方距离间语用失误:

…The Arab who is friendly will stand close to his friend, but the Englishman will move back in order to keep a certain distance away. When they finish the talk, the two may be quite a distance from the place where they were standing…。

这是一个关于阿拉伯人与英国人交际过程中,由于交际双方距离间的选择不当而闹的笑话。其实我们在外语学习中只要注意,阿拉伯人在谈话时喜欢靠近对方,以示礼貌和热情;而英国人则刚好相反,喜欢保持一定距离。如果平时知道这些非言语文化的差异就会避免以上这种副语言语用失误的发生。

【案例24】一位中国学生 A 在大街上巧遇一位曾认识的英国留学生,便招呼道:

A: Hi, Peter.(顺手轻拍 Peter 的肩。)

Peter: Hi(面无表情,似有尴尬)

先看下文,或许就可以真正明白 A 交际失败的原因。

Generally, people from English-speaking countries do not touch each other very much. If you touch an English person, you should say "sorry". Scientists have done some research on "touch" in different countries.They watch pairs of people who were sitting in college coffee-shops for at least an hour. They counted the number of times that the people touched each other: England—0, USA—2, France—10, Puerto Rico—180……

【案例24】属于一种副语言语用失误现象。因为英美人有不喜欢相互碰或拍对方的习惯，如真碰上了，则说："Sorry"。而中国人见到熟悉的人，拍一下对方表示"好久不见""显得热情"。A恰好没有注意到这一点，把自己的习惯强加到Peter身上，而导致该语境下Peter这种尴尬的局面，影响了交际效果。上述【案例1】【案例10】【案例18】都属于这类语用失误。我们承认仅凭这几个案例想对"非言语交际语用失误"或"副语言语用失误"说明清楚是不可能的，这几例只是为了对语用失误这一概念的分类说明而已。这样做的目的主要是想集中精力对言语交际中语用失误进行研究。

总之，以上分类是笔者根据前人分类的不足从两种不同角度思考出来的，我们暂且把它们分别称作"二分法"和"四分法"。实际上第二种角度的分类也可以归为第一种，换言之，"四分说"也可以简化为"二分说"即语言语用失误、社交语用失误和心理语用失误可以归为言语交际语用失误，而副语言语用失误可以归为非言语交际语用失误。但无论是"二分法"还是"四分法"都不包括托马斯所排除在外的"flouts"情形。我们把它称为"有意对语用原则的蔑视或违背"，用托马斯的话说就是"极端的不礼貌""说谎，不真实"。比如在大街上一个乞丐向你行讨，说了很多令人同情的话，可是你见他除了头发乱点、衣服破旧点之外，其他与一个正常人没什么两样，心想他应该回去自己劳动，于是你保持沉默，不予理睬，甚至径直走开。那么在这种语境下就没有构成副语言语用失误或非言语交际语用失误。

第四节 语用失误与相关概念的区分

一、语用失误与误解的关系

研究过程中我们发现不少的学者如上述所提及的托马斯、宗世海等，都把语用失误与误解的概念混为一谈。我们认为：语用失误与误解尽管有不少相同之处，但它们是一对完全不同的语言现象。下面我们来谈谈他们的异同。

相同点：语用失误和误解都与言语交际相伴而行，它们都是跨文化言语交际中的一种普遍的语言现象，有人类交际的地方就会有语用失误和误解的发生。换言之，人类交际充满着语用失误和误解，而且发生时它们都不是有意的。无论是发生语用失误一方，还是误解的一方，都有可能使得交际中断或失败。正因为如此相似，才使得许多人把它们等同起来。尽管它们如一对孪生姐妹或兄弟，但它们还是有一些区别的。

不同点：

第一，概念不同。语用失误指人们在跨文化交际语境中交际的一方由于无意识地运用了不适当的言语或非言语行为而发生的差错。而"误解"则指理解得不正确或不正确的理解。它既可以作动词也可以作名词。外语学界对"误解"的定义也不一：

格里姆肖的定义：

误解（狭义的）：听话人确实获得了一个特定的理解，但这个理解与说话人所意欲的理解不相匹配。

米尔罗伊的定义：

误解"不过是说话人与听话人对给定话语语义分析不相同的一种现象"。

约瑟夫的定义：

误解的双层定义是：（a）听话人未能（在话语或非言语行为在一个给定的会话环境下所具有的可能解释的范围内）抓住说话人所意欲的意图；（b）听话人未能最佳地处理言语或非言语的信息，这些信息在产出时并没有事先的打算，也就是被称作"意外信息传送"的来自环境的渗出来的信息。

冯寿忠的定义：这种以言语误会为基本条件，使一种言语形式具备两种不同意义的修辞方法，我们称之为"误解"。它具有以下特点，（a）"误解"是因言语的接受者错误地理解了发出者原来的意思，而形成的一种言语误会；（b）这种言语误会的形成，在发出者与接受者来说，都是无意的；（c）从表达效果上看，"误解"具有明确、生动、具体、形象的表达效果。

第二，对象不同。语用失误和误解的对象不同，通常一方发生语用失误，另一方可能发生误解，当然也有可能不会发生误解，如【案例19】，实习老师A发生了语用失误，但学生并没有发生误解，从而让交际得以进行，课堂得以继续。但更多情况下是语用失误发生了，误解也相伴而生，例如：

【案例25】选自《读者》"有关哈佛大学的故事"。

一对衣着简陋的夫妇坐火车到波士顿，找到哈佛大学。经过耐心等待终于见到了校长，以下是交际双方的对话：

夫人：我们的儿子进入哈佛大学一年了，他爱哈佛大学。他在这里很快乐。

校长：夫人，谢谢你的儿子爱哈佛大学，你知道，哈佛大学的学生都会爱哈佛大学。

夫人：可是在一年前，他意外地死了。

校长：噢，真不幸，夫人。

夫人：我丈夫和我想在学校的某个地方为他竖立一个纪念物。

校长：非常遗憾，夫人！你知道，我们不可能为每一个进入哈佛大学后死去的人竖立纪念物。如果这样做，这哈佛大学不就成公墓了吗？

夫人：噢，对不起，先生！我们并不想要竖立一尊雕像。我们只是想说我们要给哈佛大学建座楼。

此例中发生语用失误的一方是夫人，而误解方是校长，对象不同。夫人的命题意义被哈佛大学校长误解了。说话人只说想为死去的儿子竖立一个纪念物，校长就把它理解为竖立一个纪念碑、塑像之类，而实际上夫人和她的丈夫是想给哈佛大学盖一座大楼。由于职业和利益的关系，在遇到一些模糊、概括表达的时候，比如与"大楼"相比，"纪念物"更模糊、概括，作为校长，更容易把它理解为有害无益的事物，因此夫人对"纪念物"的语用失误是导致校长发生误解的主要原因。

【案例 26】顾客与售货员的对话：

顾客：Could I try on the trousers in the window?

售货员：You can if you want, sir, but we do have a dressing room.

顾客的话至少有两个含义：（1）我能试穿窗户旁边的那条裤子吗？（2）我能在窗户旁边试穿裤子吗？因为 in the window 既可做 the trousers 的后置定语，也可做 try on 的地点状语。顾客无意地用了带有歧义的句子从而导致语用失误，而这个售货员也无意地将其理解错误，使交际出现较大的误解，这是双方都始料不及的。

【案例 27】In a very crowded bus, a small boy kept sniffing until the lady standing opposite him could stand no longer.

Lady (asked kindly): "Have you got a handkerchief, son?"

Boy (shouted at her with anger): "What if I have? But I am not going to lend it to you!"

女士善意地用委婉的语言暗示小男孩应该擦擦鼻涕，小孩没有领会该女士的真正用意，误以为她要向他借手帕，因此愤怒地拒绝了。实在令听/读者啼笑皆非。在这则对话中，小孩无意误解没能成功交际，究其原因我们认为：在抛开特定的语境（小孩不断吸鼻涕）下，该女士没有考虑小孩的理解能力和认知能力用了含多种意思的句子：其一就是想找小孩借手帕；其二就是问小孩是否需要手帕等，从而无意地使用了语用失误的句式。但在这种特殊的环境下，小孩也没能通过女士的语气或其他暗示正确理解该女士的交际意图，无意地误解了该女士所表达的意义，辜负了女士的一片好意，而罪责又不能都归为发生误解的小孩一方。

二、语用失误与偏误的关系

那么什么是偏误？根据库德人（Corder）偏误分析理论，学习者在语言习得过程中所产生的错误可分为"mistake"（失误）和"error"（偏误）两种，而"mistake"指在语言运用过程中的口误或笔误，这类"mistake"不仅会出现在第二语言习得过程中，即使在运用母语时也偶尔会出现。例如："I am going to see May, sorry, I mean Mary, not May, tomorrow."这样的失误能被说话者发觉并自行纠正，不能反映说话者的语言能力，因此不属于偏误分析的范畴。error 则指学习者在习得目的语过程中所产生的规律性的错误，即偏误。说话者通常不能察觉、不能自行纠正偏误。偏误反映出说话者的语言能力。偏误分为显性偏误（overt error）和隐性偏误（covert error）两种。其实也就像托马斯所指的语法错误。请观察下面例子是语用失误还是偏误：

【案例 28】中国学习英语者说："Do John can sing?"

【案例 29】老师：Who are you? 学生：I'm fine, thank you.

其中【案例 28】反映出该学习者对英语助动词和情态动词的语言运用能力的偏误，是一种典型的语法错误，也称显性偏误，而非语用失误。【案例 29】中老师的问句没有任何问题，在该语境中作为学生的回答是一种隐性偏误，也称句型偏误（sentence level error）和话语偏误（discourse level error），说明该学生对英语特殊疑问词"who"和"how"的含义还没有真正掌握。当然出现偏误的原因有很多，有母语的负迁移（interlingual transfer）、目的语迁移（intralingual transfer）、过度泛化（over-generalization）、交际中的社会语言环境、心理及认知策略，以及其他相关的影响因素等，比如【案例 28】应该属于对助动词 do 使用的过度泛化所致。正如托马斯所言，偏误属于语法能力研究的范畴，我们赞同她的观点，这里不再赘述。

语用失误和偏误的异同就是：都是无意识地发生，都是学习者在语言学习过程中要经历的两个阶段，但前者体现的是一种语用能力，后者体现的是一种语言能力或语法能力。

三、语用失误与误导的关系

语用失误与误导除了都有一个"误"字之外，更多的是差异。语用失误是说话者的一种无意识言语行为，而这里我们所讨论的误导指说话者出于自卫或损人目的的有意误导，两者有本质的区别。格莱斯（Grice）曾经讨论过说话人可能悄悄地、不很明显地违反一项准则。这时，在某些情况下，说话人就会产生误导（mislead）。何自然教授举例说明了这种情况：

【案例 30】One farmer meets Sam and says:

"Hey, Sam, my horse's got distemper. What did you give yours when he had it?"

"Turpentine" grunted Sam.

A week later they meet again and the first farmer shouts:

"Sam, I gave my horse turpentine like you said and it killed him."

"So did mine." nodded Sam.

第一位农夫的真正目的不仅是向了解治马病用了什么药,而且想了解治疗的效果,但通过对话他实际上只达到了一半目标。Sam 并没有满足第一位农夫想了解治疗效果的要求,他违反了"量"的准则,没有完全提供交谈目的所需要的全部信息,结果第一位农夫因未觉察到这一点而受骗上当了。这属于典型的误导现象。就是说,语句由于"农夫 Sam"误导,造成第一个农夫对它的"误解"。

汉语中也有不少上述类似的事例,下面这句话就是一个误导了中国人上千年的铁证:

【案例 31】"无毒不丈夫"

原句本来源于"量小非君子,无度不丈夫。"这本来是个很好的句子,里边充分运用了对仗。显示出了一份阳刚有力的气魄,一个胸怀坦荡的男人形象。可惜劳动人民口耳相传的这一句话,到了那些所谓的学高八斗的"文人"嘴里就变了个味。为什么呢?这要从古时候文人的习性说起,在这副对联式的谚语里,"度"为仄声字,犯了孤平,念着别扭,很容易读为平声字"毒",那些对音律美感要求甚高的文人某天心血来潮,便发挥他们的专长自作主张,把这句改为"无毒不丈夫"了,于是这句话终于成了典型的"信言不美,美言不信"的例句。这不仅让男子汉们的形象破灭,同时也让女子们受尽委屈,这都是误导惹的祸。

四、语用失误与口误的关系

口误,托马斯把它排除在语用失误之外的操练(blurt)或称口误(slip of tongue),是正常人在言语行为中偶然不由自主地偏离想要使用的语音、语义或语法形式的口头失误现象。除了常说的前言不搭后语、语无伦次、发错音、用错词外,还包括与语速的要求不相称的超常无声停顿。理想言语指没有失误的连续性言语。它像是机器说出来的,是人工合成言语的标准状态。人类语言中照稿念或背诵最接近此状态。但念和背不是直接的言语产生,而是重复现成的话语。卜默尔(Boomer)和雷耶尔(Layer)指出"没有失误的言语并不等于正常的言语"。说明人类言语交际中充满了口误,这反而是一种正常现象。我们把口误分为一般性口误和非常性口误两类。一般性口误相当于库德尔(Corder)把它排除在 error(偏误)外的、说话人很容易察觉并自己会更正的语法性错误(mistake),请观察:

【案例 32】一个口误例子:

Alan: Is this your first time to Hong Kong?

Student: Yes, oh, no. I have been there before.

学生知道自己不是第一次去香港,他应该回答"不",由于反应太快,大脑没有足够的时间来准备。由此,负责产生语言的那部分脑区能量较少,no 就变成

yes 了。属于一种典型的一般性口误现象。

而非常性口误通常是说话者不容易察觉的一种失误，属于非语法性的错误，这里称之为心理语用失误，比如前面论述的【案例19】【案例20】都属于此类现象。从这一点看我们基本上可以这样认为，口误有时也是一种心理语用失误，但语用失误既有口头语上的，也有书面语上的；既有语言语用失误，也有社交语用失误，因此语用失误比口误复杂得多。

五、语用失误与歧义、语用模糊的关系

何为歧义？"歧义现象，就是指有些听起来相同或看起来相同的话语，在字面上可以有不止一种解释"。这是一个从语义学和语法学静态的、脱离语境的角度给歧义下的定义。我们赞同俞东明教授的观点，把上述定义中的"话语"改为"句子"。因为"话语"（utterance 或 discourse）主要是语用学术语，一般和语法学术语"句子"相对立。"话语"层面上的研究具有语境依赖性这一特征，属于语用学研究范畴，而"句子"层面上的研究则可以独立于语境，属于语法研究范畴。他进一步指出："歧义"的"言外之意不同"应是一种语用模糊（pragmatic ambivalence）现象，而不应看作是一种语法歧义或语义模糊（semantic ambivalence）现象。

何为语用模糊？语用模糊指的是说话人在特定语境或上下文中使用了不确定的、模糊的或间接的话语向听话人同时表达数种言外行为或言外之力的现象。我们认为托马斯对语用模糊的概念应该在"使用"前加上"无意识地"或"有意识地"两个短语。无意识的语用模糊话语在说话人心中认为表达是清晰的，听话人应该明白的，这样的话语还是称为歧义或语用失误比较合适；有意识的语用模糊是有特殊目的的、带有动机的，正如英国语言学家李驰所言：语用模糊，即谈话话语的这种不确定性，使话语的言外之力不明确是带有动机的，是为了交际双方的共同利益。

说话人让听话人对其话语的意图有两种或两种以上的解释的目的是为了让听话人为其承担由该话语引起的后果的一部分责任，使自己处于进退自如的主动地位，我们认为这样的话语是一种语用策略或类似于误导的言语行为。

例如：

【案例33】Would you like to come in and sit down?

【案例34】If I were you I'd leave town straight away.

上述【案例33】这句话语可以同时向听话人传递"邀请、请求或命令"等不同的言外行为，也可以是三种言外行为兼而有之，其界限是模糊的。但在话语者心中是清晰的，明白的，只有一个意思，说该话时，说话人不知道听话人会产生歧义，造成误解，所以是无意识地发生语用失误。前面章节提到的【案例11】中乘客 B 所说的歧义句也属于类似语用失误现象。【案例 34】这句话可以根据不同的语境分别理解为一项"建议",一个"警告"或"威胁"。听话人很可能将其理解为一种"威胁",而采取相应的行动,离开了城市;但说话人事后仍可能说这只是出于友好的动机而提的一项建议,对听话人的行为造成的损失可以不承担任何责任。这样有意的语用模糊话语是一种交际双方常用的语用策略或类似于误导的言语行为,类似于【案例 30】农夫山姆所用的语用策略,属于一种误导行为而非语用失误。

六、语用失误和交际失误的关系

国内学界有学者基本上把语用失误和交际失误混为一谈。其实它们之间有包含关系,也有不同。语用失误应该与语用能力有关,而交际失误应该与交际能力有关。根据海默斯(Hymes)的交际观,交际能力由形式上的可能性、实施手段上的可行性、语境中的适切性、现实中的实施性等四部分组成。其中第一部分相当于乔姆斯基(Chomsky)的"语言能力",后三部分常被称为"语用能力";巴赫曼(Bachman)也认为一个人的语言能力包括语言的组织能力(organizational competence)和语用能力(pragmatic competence);著名的应用语言学家威多森(Widdowson)指出"能力"有两部分:知识和技能。前者相当于语法能力,后者相当于语用能力。向小明在前人研究的成果上总结出了自己对交际能力成分的理解,它们是:语言能力(Linguistic Competence)、认知能力(Cognitive Competence)、情感能力(Affective Competence)、社交文化能力(Sociocultural Competence)、策略能力(Strategic Competence)、人际关系能力(Interpersonal Competence)以及行为能力(Behavioral Competence)。以上能力除"语言能力"外,其他也与语用能力相关。高黎、王方针对交际成功提出了三大条件:熟练驾驭外语语言的能力是先决条件;掌握特定外国文化用语是跨文化交际的必要条件;了解目标国家的历史、地理、风俗是进行跨文化交际的重要条件。

综上,我们认为跨文化交际中导致交际失误的因素比导致语用失误的因素更多,尽管它们当中有许多的重叠,比如二者都有口头语和书面语的失误,都与认知能力、社交能力、策略能力因素等有关,都是交际者无意识发生的失误,都有可能使交际中断或失败,但绝不能把二者视为等同。请看下面的例子:

【案例 35】来源于中国英语学生与外教老师之间的对话

学生 1:How many money is that book?(那本书多少钱?)

外教:You want to know how much money of the book, right?(你是想知道那本书多少钱,是吧?)

学生 2:Yes.(是)

Steven2:$28.(28 美元)

学生3：What is it about?（它是关于什么的？）

Steven3: Linguistics.（语言学）

学生4：I'm hear we are going to study linguistics, too.（听说我们也会开语言学）

Steven4: Good idea.（好主意）

【案例36】来源于一本中国初中教材。

学生：How old are you, Madam?（请问您多大了，夫人？）

Madam: It's a secret.（这是秘密）

上述【案例35】中出现两处语法错误属于交际失误或一般性口误。从外教"Steven1"的更正话语和学生2的回答可知学生1对"how much"接不可数名词和How many接可数名词是明白的，估计是口误造成。另外学生4所说的"I am hear"应该是"I hear"，由于该学生对目的语"be"动词运用的过度泛化原因使然，而且外教对学生的意思十分清楚，也就没有当即更正。【案例36】中该学生犯了一个"禁忌语"的语用失误，也称交际失误。因为在英美国家打听别人的年龄，特别是中年妇女的年龄是对别人隐私的侵犯，该例中的"Madam"出于礼貌，说了一句"这是秘密"，没有正面回答学生的问题，学生也不再穷追不舍，但无论如何，双方的交际一定受到一定影响甚至中断。

七、语用失误与曲解的关系

语用失误和曲解（又称"刻意曲解"）都是语言运用和言语交际中两个非常重要的概念。但它们肯定不是一回事，这是学界公认的的事实。正如托马斯所说"当然不是语用失误导致非本族语者曲解或引起话语语力意图被曲解，而是低层面语法的不完善的掌握"。托马斯注意到了语用失误与曲解不是一回事，但没有作出任何分析，让读者和听者留下一些遗憾。那么到底什么是曲解？现代汉语词典这样说的：错误地解释客观事实或别人的原意（多指故意的）。察内塔（Tzanne）认为"刻意曲解"是与"面子"密切相关的言语现象。说话人可以用曲解来增面子、保面子或冒犯对方。何自然、申智奇从曲解的触发条件、运行机制、语用功能三方面对这一现象做了进一步研究。他们认为，曲解是一种特殊的交际手段和语用策略，是语言使用者为了达到某种交际目的，有意利用某种特殊语境和对方话语中含糊的、不确定的表达方式，歪曲对方话语意图的言语现象。

从概念上可以看出曲解的特点：它是有目的、有意图的言语现象，是在听话人正确理解对方话语的基础上有意为之的误解现象，是对言语进行调控的一种交际手段和语用策略。曲解在是否有意图和有目的、是否具有语用功能方面区别于"语用失误"。请观察下面这些话语的语用功能或策略，它们似乎给人们带来更多的是幽默感、诙谐感：

【案例37】发生在推销员与顾客间的对话。

"Now madam," said the salesman after showing his company's products, "what do you need at home?"

"Money." She said.

显而易见,这则幽默的产生与交际者的故意曲解分不开。推销员向这位女士介绍完公司产品后问道:"您家里最需要什么呢?"意在问这位女士家里最需要他们公司的哪个产品,而这个女士巧妙而干脆地回答"钱"。该女士看似相关的回答暗示了她不想买他的任何产品。也正是她的刻意曲解生成了幽默感。

【案例38】发生在一公司员工与经理的偶遇

Manager (pointing to a cigarette-end on floor): Smith, is this yours?

Smith: Not at all, sir. You saw it first.

经理指着地上的烟头问Smith是不是他的,意在责备。Smith则巧妙地故意把经理的意思曲解为是想捡地上的烟头。他的回答一方面表明了自己的无辜,另一方面又戏弄了经理。在这个幽默中,交际一方Smith故意曲解了经理的意思,制造了幽默。读了这个对话后,读者一定对Smith的巧妙回答忍俊不禁。

中国相声术中的曲解运用更是惟妙惟肖,其中的幽默给观众带来的欢声笑语久久难忘。请赏析下例:

【案例39】A:三大直辖市,为什么世乒赛非要选在天津举办?

B:北京人在纽约,上海人在东京,所以只好由天津人来办啦。

相声的特点就是设法让观众开怀。本例相声演员B采用了电视连续剧《北京人在纽约》和《上海人在东京》刻意曲解了演员A的问题,其回答之敏捷,让观众折服,其幽默之程度,堪称一绝。

上述【案例37】中Madam,【案例38】中Smith以及【案例39】中相声演员B的回答话语都没有语法上的错误或偏误,而且都明白对方意图的情况下所做出的回答,可是这种回答不是交际对方所希望的,我们不能说它与语用失误一点关系都没有,但它确实称不上语用失误,也称不上是误解,只能归为对话语的刻意曲解现象,这是言语交际中交际双方为了体现幽默所采用的一种语用策略。

第三章　跨文化视角下言语交际中语用失误成因及解决对策

第一节　语用失误主要成因

语用失误与言语交际相伴而行。跨文化言语交际中，交际双方都有可能发生语用失误。经过调查与研究，我们发现语用失误并不是平白无故地出现的，以下是笔者总结出来的十条主要成因，它们当中有一些成因可能有重叠的部分，但为了研究的需要我们暂且这样论述。

一、教师对语用教学重视不够

如今语用教学在我国语言教学中的地位如何？正如陈新仁所言"总体看来，我国语际语用学研究已经取得很大进展，但还存在一些不足。语用教学尤其是课堂环境下的语用教学还没有得到充分的重视"。在这次调查研究中，就"什么是语用失误"我们随机调查了一些英语教师，特别是中小学英语教师，可惜他们中的很多人都没听说过这一概念或误解为语言错误或语法错误。此类现象，比比皆是，不一而足。这说明很多的语言教师对语用知识贫乏，自然也就谈不上对语用教学的重视。所以我们认为教师缺乏语用知识，忽视课堂的语用教学环节是导致语用失误的首要原因。

二、语境知识缺乏

关于语境（context）我们在相关章节已做了具体的说明和解释。语境研究历史悠久，定义不少，其中汉莫森（Hymes）的语境定义引用率颇高。在这个定义里，语境含8个要素，分别是：情景（situation）、参与者（participants）、目的（ends）、行为顺序（act sequence）、语气（key）、途径（instrumentalities）、规约（norms）和体裁（genres）。表达这8个要素的英语单词首字母恰好构成单词"SPEAKING"。此定义给我们一个启示：语境合成于多个因素，每个因素可视为一个变量，每个变量被赋值后便有一种组合,每种组合都构成一个具体的语境。例如,"情景"可有无数变化,或校园,或街道,或超市等。每一种情景可跟任何语境变量的具体体现组合。假设"情景"为校园,"参与者"是两名大学生,"目的"是探讨学习问题,"行为顺序"是先提问后分析。如此便有一个具体语境:两名大学生在校园里讨论学习问题,后面讨论的内容延续前面说过的话,先前说过的话便构成后续话语的上下文,制约话语的发展和演变。事实上,语境是在语言使用过程中生成的,因而语境也在不同方面受到限制。虽然原则上言语事件的每一个可能要素都可以作为一个与语境相关的要素出现,并加以考虑,但是并非在每一种场合这些要素都以相关因素的身份调动起来。请看下例:A 和 B 在讨论不同类型的计算机的优缺点,会话中用了"486""586""RS/6000"等术语,C 则坐在一旁,没有参与讨论,过一会儿,B 对 C 说:

【案例 54】B: Do you know what fifteen fifteens are?

C: No, I don't know much about computer hardware.

实际上,在上述对话中 B 是在问一个很基本的算术问题,而 C 由于没有了解话题的变换,以为话题还是有关计算机方面的,因而把"fifteen fifteens"理解成某计算机的名称,而不是简单的数字(转引自龙翔、杨梅)。这是一个典型的对语境知识缺乏而导致语用失误的案例。

缺乏语境知识不仅在口头言语交际中会出现语用失误,在书面言语交际中也屡见不鲜。我们以《红楼梦》的译本举一例说明:

【案例 55】选自《红楼梦》(曹雪芹、高鹗)第 7 回。

"我要往祠堂里哭太爷去。那里承望到如今生下这些畜生来!每日家偷狗戏鸡,爬灰的爬灰,养小叔子的养小叔子。我什么不知道?咱们胳膊折了往袖子里藏。"

杨宪益、戴乃迭译:

"Let me go to the Ancestral Temple and weep for my old master." he fumed, "Little did he expect to beget such degenerates, a houseful of rutting dogs and bitches in heat, day in and day out scratching in the ashes and carrying on with younger brother-in-law. Don't think you can fool me, I only tried to hide the broken arm in your sleeve."

从原文的语境分析可知:上文是焦大被众小厮教训后很生气的情况下说出的一段话,其中"偷狗戏鸡""爬灰的爬灰""养小叔子的养小叔子"都是骂人的话语,含有贬损的含义,是一种暗喻的用法。杨宪益等把"爬灰的爬灰"直译为"scratching in the ashes"无法传递这种贬损的含义,实际上在该语境中指的是"committing adultery with one's daughter-in-law",这是一种典型的书面语语用失误的范例。在中国英语学习者翻译文本中,类似现象时有发生,在此,就不再一一罗列了。

三、语域选择能力有限

语域（register）和语境是两个相关而又不同的概念。20世纪70年代哈利迪（Halliday）明确了语域与情景语境的关系：语域是情景语境的具体表现。20世纪80年代他与哈桑（Hassan）进一步将语域理解为"与某一情景组成语场、语旨、语式有关的语义结构"，即情景语境包含三个变量，语域是这三个变量组合产生的语义集合。哈利迪将决定语言特征的情景因素归结为：语场（field of discourse）、语旨（tenor of discourse）和语式（mode of discourse）。语境的这三个部分趋向决定功能系统中的三个组成部分：概念功能、人际功能和语篇功能，这三种功能同时在词汇、语法层面上体现出来。语境的三个组成部分中任何一项发生改变都会导致意义的变化，引起语言的变异，由此而产生的不同的语言变体称为"语域"。换句话说，语境决定语域的选择，语域反映语境的特征（转引自陈红星、钱秀芸）。生活中我们常常会遇到这样的情况：在单位Jim是Robinson的领导，但私下两人又是很好的朋友。早上，在单位Jim和Robinson碰面了，这时出现了这样的对话：

【案例56】Robinson: Hi! Jimmy!

　　　　　　Jim: Good morning, Mr.Robinson!

从这个对话中可以清晰地看出两人说话的不同用意。"Robinson"是在用一种很亲密随便的称呼来和"Jim"打招呼，本意是显示自己与领导的亲密关系，但此时"Jim"却用了一种非常正式的称呼来回应"Robinson"的招呼，意在提醒"Robinson"此时是在单位，要注意上下级关系和彼此的角色变化。"Robinson"的这种失误从语用学的角度来分析，虽然语境存在，但是没有注意语言情景因素的变化，导致语域选择错误，从而造成语用失误，影响交际效果。

四、相关语用图式知识贫乏

图式（schema）这一概念的起源可以追溯到18世纪。1781年德国哲学家康德（Kant）提出了认知图式的概念，认为概念本身并无意义，只有当它与人们已知的事物相联系时才产生意义。对这一理论的发展则要归功于格式塔心理学家巴特勒特（Bartlett），在其经典著作《实验与社会心理学研究》（*Remembering: A Study in Experimental and Social Psychology*, 1932）中，把"图式"定义为"对过去的反应和经验的积极组织"。图式理论的完善得益于美国人工智能专家鲁姆尔哈特（Rumelhart）所做出的巨大贡献。他把图式解释为以等级形式储存于长期记忆里的一组"相互作用的知识结构"，或"构成认知能力的建筑砌块"（转引自亓鲁霞、王初明）。

韦汉、章柏成提出：图式理论不仅作用于学习者对话语或文字信息的理解，还对其话语的形成有作用。在口头交际中，输入的信息是靠听觉或视觉器官激活相关图式，达到对信息的理解的。廖淑梅坦言：在外语教学和跨文化交际中，造成中国英语学习者语用失误的最大原因之一就是交际过程中英语学习者头脑里已有的相关语用图式知识的缺失。例如：

【案例57】Ms Liao: Who can tell me the meaning "Everybody made a suggestion, but no one actually offered to bell the cat"？

Student："人人都会提建议，但就是没人愿意给猫的脖子挂铃。"

当学习者头脑中缺乏"bell the cat"这一语用图式知识典故时，理解起来会有困难，从而发生语用失误。句中的"bell the cat"是习语"to hang the bell about the cat's neck"的简略，原意是"给猫的脖子上挂铃"。它出自《伊索寓言》（*Aesop's Fables*）中的《老鼠会议》（*The Mice in Council*）。寓意是：遇到困难的时候既需要出谋献策的人，更需要挺身而出的实干家。"bell the cat"因此也常用来比喻"to do something dangerous in order to save others"。类似例子，比比皆是。

五、百科知识贫乏

百科知识是指天文、地理、军事、人文、数理、逻辑、文学、音乐、习俗、生活、信仰等各方面的最基本的常识。它不要求我们对各方面都很精通，但如果我们一无所知，孤陋寡闻，与人交往时，特别是在跨文化交际中，常常会因为语用失误而使得交际终止，或因答非所问而产生言语行为上的误解，必然影响言语交际的效果。比如有的英语学习者居然连"圣诞节"是哪一天，或"自由女神"雕像在哪个国家都不知道，可以想象他们在与英美人士交流时会有怎样的结果。

六、母语的负迁移

迁移指的是学习者将已有的知识和能力转移到对新知识的学习和能力的获取中去。在外语学习中，学生将他们对母语的知识和能力转移到外语知识的学习和能力的获取中，这种迁移叫作母语知识和能力迁移。由于某些母语知识对外语学习没有帮助，有时候甚至起到妨碍的作用，这样的迁移属于母语的负迁移。由母语的负迁移引起的语用失误，戴炜栋、张红玲称之为文化迁移。戴炜栋、张红玲指出文化迁移可分为表层文化迁移和深层文化迁移。这两种文化迁移分别与托马斯所提出的语用语言失误和社交语用失误相对应，但我们还是倾向于母语负迁移的说法。请看下例：

【案例40】我们曾在一列车上目睹这样一个情景：

服务员：Please don't smoke here. Please go there.（一边用手示意外宾到两节车厢交接处）

外宾：Oh, sorry.

很明显，该服务员将汉语中有关"请"字的句子及其表达方式套入或迁移到了英语里，混淆了"请求"和"要求"这两种言语行为，从而导致语用失误的发生。其实一句简单的"No smoking here"就很得体。

【案例41】一位美国同事感冒了，中国同事表示关心，为何美国同事不领情，反而很反感？

中国人：You look pale, what's the matter?

美国人：It's feeling sick. A cold, maybe.

中国人：Go and see the doctor. Drink more water. Did you take any pills? Chinese medicine works wonderful. Would you like to try? Put on more clothes. Have a good rest.

美国人：You're not my mother, are you?

该案例的语用失误表现在中国同事直接套用汉语习惯或汉语知识而导致母语负迁移的结果。因为美国人比较看重个人的独立性，受人照顾往往被视为弱者。给对方出主意或提建议时，不能使对方认为自己小看他（她）的能力。美国人对上面第一句话的反应通常是"Take care of yourself"中国同事回答"I hope you'll be better soon"更为合适，没有必要教人怎么做。中国人则以出主意、提建议表示关心，而且常以兄弟姐妹或父母亲人的口吻，或以过来人、内行人的口气，这些方式对美国人是行不通的。

七、中西文化差异所致

由于中西文化背景知识、价值观念有时差别较大，人们的说话方式或说话习惯也就不尽相同。在言语交际中，如果一方对另一方的社会文化、价值观念缺乏了解，就会出现不符合语言习惯的不恰当的言语行为。

【案例42】一位中国青年妇女因自己所穿的连衣裙别致、漂亮，在美国受到称赞后的反应。

美国人：It's exquisite. The colors are beautiful!

中国妇女：Oh, it's just an ordinary dress that I bought in China.

中国青年妇女这种语用失误是因为受中国传统文化谦虚的习惯影响，使得美国人认为这种答案暗示着他连衣服的好坏都分不清，甚至会让美国人怀疑到底是谁的审美观出了问题。其实女青年简单地回答"Thank you"就很得体。

下面的例子好心却办了坏事，从使用英语的角度判断，也属于语用失误。

【案例43】师生假日郊游。学生给一位上了年纪的外国太太让座，"Please sit down. You are old."

尽管中国人的尊老爱幼是一种美德，但外国太太感觉不出来。当她听到别人直言她老,这简直是一种冒犯,她准会不高兴的。有谁愿意别人公开说自己老呢?何况当事人是一位西方老太太!

八、教学因素或语用预设所致

教学相关因素导致语用失误的情况是很多的,教师的一言一行常常是英语学习者的榜样,所以教师的各方面素质表现,如得体的语言、丰富的知识、高尚的人格等等对英语学习者交际能力的形成都可能起到潜移默化的作用。请看我们在一次青年女教师课堂上的所见所闻。

【案例44】青年女教师:Good morning, Students!

　　　　　　学生:Good morning, Teacher!

这里的青年女教师在问候时用了"students",暗示或预设了学生也用"teacher"来回应。殊不知却犯了非常明显的语用失误,因为这两个词在英语文化里不是称呼语,而是一种职业。其实青年女教师只要一句"Good morning, Everyone/Class",学生应一句"Good morning, Miss(+姓)"就很得体。我们当时也不相信该青年女教师会出现这种十分低级的错误,课后开玩笑与她聊起,原来她在初中、高中甚至大学时,她的英语老师都这么说。这到底是谁的错?只能说明语用失误在我国外语教学中,特别是基础英语教学里是一种相当普遍的现象。再看看下例,应该也是所编教材编写的缘故所导致的结果。

【案例45】两个同学在练习英语对话。

A: What's your name?

B: My name is Li Ming.

A: How old are you?

B: I'm eighteen.

A: Where are you from?

B: I'm from Guilin. Where are you from?

A: I'm from Nanning.

B: Who is that girl over there?

A: She is my friend Sun Mei.

B: Is she from Nanning, too?

A: No, she isn't. She is from Liuzhou.

B: Are you writing a letter home?

A: Yes, I am.

B: How often do you write home?

A: Once a month.

像【案例45】这样的对话在学生的日常英语会话甚至课堂英语教学中都很普

遍，我们在曾经的基础英语教材中也常见类似对话。其实不难发现 A 和 B 之间为练习用英语对话而说英语，话题从一个很具体的问题跳到另外一个问题，涉及一些隐私的方面，属于不适合问的问题，如果把课堂上的这些练习搬到现实中与英美人士也这样问，就必然导致社交语用失误。

九、言语歧义所致

有学者提出言语歧义不应该算语用失误，他认为：言语交际本身就是"言不达意"，在一定程度上就是一种误解，理解别人的话语只能是无限靠近真实而已。我们认为这样的理由是站不住脚的。我们赞同何自然、康家珑等学者的观点，使用歧义、多义词语引起的失误也属于语用失误。请看下例：

【案例46】转引自康家珑的《交际语用学》。

1977年3月27日在坎瑞岛的国际机场上，两架波音747飞机都在待命起飞。它们分别属于荷兰皇家航空公司和美国泛美航空公司，两架飞机同时向机场指挥塔，要求起飞，指挥塔在向泛美航空公司的飞机发出起飞命令后，对荷兰飞机说；"好，等一下起飞……"这里的"等一下"，英文是"stand by"，英文是一个多义词，既有"等一下，先别飞"的意思，也有"准备行动"的意思。指挥塔要表达的意思当然是前一种意思。但荷兰飞行员却把它理解为后一种意思，于是两架飞机同时加速进入起飞跑道。一场罕见的空难发生了：两机在空中相撞，机组人员和567名乘客全部遇难。语用失误，造成了如此可怕的灾难。

十、言语省约所致

在言语交际中，人们为了简化表达、节省时间，经常会把一些词语简化或省约。表现最突出的应该是中英文中的专有名词的简约用法。中文中的普通词语也常被省约。英语中的省约方法常常是保留每个词的首字母，比如"UN"表示"联合国"（the United Nations），US 指"美国"（The United States），而中文常采用短语的第一个词或短语中的关键词，如"中共"指"中国共产党"，"十九大"指"第十九次全国代表大会"。正因为语言的这种省约性，在言语交际中人们在选择语言时常出现语用失误，从而产生误解。请观察下列对话，看看语用失误出现在哪里？

【案例47】一次旅游英语课上英语教师问学生这样一个问题：

英语教师：Who can tell me the full name of "WTO"?

学生：World Trade Organization.

英语教师：Here I mean World Tourism Organization.

【案例48】笔者在调查"西电"和"桂电"两所大学的英文名有何区别时，曾采访了一位刚到中国对汉语一窍不通的美国人时，出现这样一幕：

笔者：Do you know Xidian University and Guilin University of Electronic Technology?

美国人：No, but I think the first one is comprehensive and the second one focuses on the electronic science.

【案例 49】一位广西的家长跟一位陕西的家长聊起孩子高考的事情。

广西家长：我孩子今年考上西大了。

陕西家长：恭喜你，西安很冷，还下雪，上学时注意多带点棉衣之类的。

广西家长：不用，在南宁，不会下雪。

以上三例会话活动中都因为言语的省略或省约而导致了语用失误。其中【案例 47】英语教师所用的"WTO"既可以指"World Trade Organization"（世界贸易组织）也可以指"World Tourism Organization"（世界旅游组织）。世界旅游组织是联合国系统的政府间国际组织，其宗旨是促进和发展旅游事业，使之有利于经济发展、国际间相互了解、发展与繁荣。主要负责收集和分析旅游数据，定期向成员国提供统计资料、研究报告，制定国际性旅游公约、宣言、规则、范本，研究全球旅游政策。它的前身是国际官方旅游联盟，1975 年改为现名，总部设在西班牙首都马德里。相比之下，学生对"世界贸易组织"更熟悉，平时说得更多，可是作为旅游英语教师所期待的答案肯定是后者。如果英语教师注意一下问题的格式学生或许可以猜测出来，比如"Besides World Trade Organization, who can tell me the other name of WTO"或直接问"Do you know World Tourism Organization"让学生说说它的汉语意思也可以，避免误解教师的意思。

在【案例 48】中，很明显，美国人把"桂电"理解为以电子类为主的多科性大学，而把"西电"理解为综合性大学。如果笔者不直接用西安电子科技大学网站上的"Xidian University"英文校名来问，就不会出现后面美国人对该大学的误解。因为"西电"只是一个省约词，对于一个外国人士来说是很难理解的，因为它中文不像中文，英文不像英文，既不是地名，也不是专业名称，中英文字典里查不着，地名志上也难寻。这样的省约词每所高校都有。这样翻译是简单了，可是外国人士就会更糊涂了。【案例 49】也是如此，对于"西大"这个省约词，陕西人听了，肯定认为是"西北大学"；广西人听了一定认为是"广西大学"；重庆人听了会认为是"西南大学"。如果广西家长直接说"我孩子今年考上广西大学了"就不会出现后面的误解。所以笔者认为以上三例都是言语省约导致的语用失误。

第二节　语用失误解决对策

得体性是克服语用失误的最高原则。语用失误是无法彻底消除的，只有尽可能接近得体。针对上述所列的十种语用失误的成因，我们特提出以下九大对策。

一、倡导语用教学与语用语法教学

百年大计,教育为本;教育大计,教师为本;教师大计,教学为本。教育、教师与教学是一脉相承的,尤其以教学为基础,可见教学的重要性。语用教学或语用语法教学也不例外,它应该是提高语用能力,减少语用失误的基础手段和方法。正如罗斯和卡斯柏所言:"有一点很强的启示就是教育的干预可能对第二语言语用能力的习得是十分有利的或有必要的"。在我国虽然10多年前就有学者倡导语用教学,如张琪针对我国大学英语四六级题型的不合理,主张在语用教学法的框架下改革四六级的内容的想法。可是语用教学的地位至今如何?我国语用学界张新仁教授在《语言教学中的语用学》(*Pragmatics in Language Teaching*)的导读中这样评论道:"语用教学尤其是课堂环境下的语用教学还没有得到充分地重视。"所以在这方面不容乐观。那么何谓语用教学?简单地说就是以相关的语用知识和理论原则为指导,把语言知识放到相关语境中进行学习。它与传统的语言教学不一样,传统的语言教学把语言看成是一个封闭的静态系统,把语言学习看成是对"意义""结构"的理解和认识,如果教学中过多地进行语言意义和结构特征等知识的传授,这种语言教学法的理论依据是索绪尔(Saussure)的语言观和乔姆斯基(Chomsky, N.)的转化生成理论观,这两位语言大师倡导的是对语言内部结构规律进行研究的语言学,被教育界借用到教学上来以后,变成了语言学习就是对语言知识和用法的掌握,结果造成学生被动接受语言知识和结构,如同一个接收容器,直到它的容量达到一定程度时才能自己生成新的语句,即便如此,面对新的语境或场景往往还是不知所措。

"语用语法"又指什么呢?它应该相对于形式语法和语义语法而言的。何自然、陈新仁在《英语语用语法》指出:形式语法告诉我们一门语言中都可能存在哪些语法构造;语义语法则告诉我们在这些语法构造中有哪些是有意义的并可以运用于交际,以及语法构造之间存在哪些内在的联系;语用语法则告诉我们在具体的使用环境中如何选择语法构造来实现特定的交际意图,获得预期的交际效果。所以我们认为:既然课堂英语教学免不了涉及语法教学,我们建议尽量兼顾英语语用语法教学,这样对减少中国英语学习者语用失误一定大有裨益。

"语用教学"教什么?

第一,课堂上有意识地教给英语学习者一些语用知识,比如掌握了语境、会话含义、合作原则、礼貌原则、前提与预设、指示语、经济原则等相关理论,对培养学习者言语交际意识、减少语用失误很有帮助。比如,了解了经济原则后,课堂上操练的那种类似于"Have you finished your homework""Yes, I have finished my homework/No, I haven't finished my homework"这样的完整句在实际交际中应该会有意识地避免。学习了礼貌原则后可能在实际交际中就会避免初次见面就问"How old are you""Are you married""How much money do you earn in a month"等问题。

第二,课堂上进行语法讲解时,既要提醒英语学习者注意语言的形式、意义还要兼顾它的语用功能。

【案例 50】下面是一个典型的形式、语义、语用三番兼顾语法教学的事例:

  a. The teacher awarded the student a prize.
  b. The student was awarded a prize (by the teacher).
  c. A prize was awarded to the student (by the teacher).
  d. The student awarded the teacher a prize.
  e. The teacher was awarded a prize (by the student).
  f. A prize was awarded to the teacher (by the student).

根据英语语法,用 the teacher, a student, a prize, awarded, was, to 等可以造出上述的句子。从语义上看,a,b,c 传达了相同的命题,补语尽管位置不同,但却保持相同的格关系。d,e,f 同样如此。在语用关系上,a,b,c 都不同于 d,e,f。尽管这些句子都可以用于交际,但却有很大的不同。首先,根据我们的语境知识,a,b,c 很好接受,而 d,e,f 所表达的内容与我们的常识不符。除非有特殊的语境,否则在语用上是不可接受的。

第三,英语教师要设法加大英语国家文化背景知识的教学。由于课堂时间的有限性,还要扩大课外阅读量。

我们知道中西文化差异大,价值观念不同,如英美人崇拜个人英雄主义,推崇个性,而中国人重视集体,推崇共性,因此在回答他人的夸奖时,英美人报以热烈的"thanks",而中国人喜欢谦虚地说"哪里,哪里",有时还要故意贬低自己。再如,英美人特别重视保护自己的隐私,在他们眼里,收入、年龄以及情感都是属于个人隐私范畴,而中国人用来表示关心的话语"小刘,今年多大了?有没有男朋友?"在英美人看来简直就是冒犯。因此,课堂上教师要注重语言输入和文化输入双管齐下,借助教材最终要脱离教材,不断加大中西文化的输入。这就要求教师具备一种终身学习的观念,丰富自己的英语国家文化背景知识。这是对教师的巨大挑战。也只有这样才会避免上述【案例 44】青年女教师所说的"我以前的初中、高中、大学老师都这么说的"类似局面。

"语用教学"如何教?

第一,英语教师首先要学好语用知识、英语语用语法知识以及英语国家文化背景知识。如果英语教师想要学生懂得使用英语,自己必须要有一种语用的意识。同时还要具备给学生一碗水,自己要有一桶水的心态。这就要求英语教师的语言知识和语用知识以及相关的文化背景知识都要过硬。

第二,英语教师还要不断提升自己的教学论和学习论的水平。比如,即便我们的英语教师语言知识和语用知识都很丰富，但每节课要教给学生多少东西？如果我们的英语教师学习过克拉申（Krashen, S. D）的输入假说（input hypothesis），那么这些问题就有解决的依据，不会盲目地灌输。或者说我们的英语教师也按照输入理论结合自己的学生实际进行语用教学了，就是不见什么效果，换句话说，输入了语用知识学生却没有吸收。这时可以检查一下对学生语用知识输入的过程中是否对某些特殊地方给予强调和注意？或者让学生引起注意的程度如何？这样做的理论依据在哪里？有用吗？如果我们的英语教师懂得施密特（Schmidt）的注意假说（Noticing Hypothesis）就是针对克拉申的自然输入假说的不足首次提出的，就会大胆地运用，等等。

第三，语用教学的意义建议纳入英语教学大纲。教学大纲是一个法典、一个方向、一种规范、一种指导。一般来讲，英语教师在从事英语教育工作前都被要求认真学习教学大纲，如果能把语用教学的意义作为文件规定纳入教学大纲，就必然增强英语教师的语用教学意识，从而提高学习者的语用能力。

二、克服面子观

"面子保全论"（Face-saving Theory）是布朗（Brown）和莱文森（Levinson）提出的礼貌理论中重要的内容。它分为"negative face"和"positive face"两类。我们通常把它们分别翻译成"消极面子"和"积极面子"，前者指不希望别人强加于自己，自己的行为不受别人的干涉、阻碍。后者指希望得到别人的赞同、喜爱。中国人常常有丢面子、丢脸和给面子、给脸以及要面子、要脸的说法。针对这一理论，在外语教学中，外语教师和学习者都应该克服要面子和怕丢脸的局面，首先排除双方的怯说心理。课堂上，教师要尽力激发学习者的外语学习动机，培养学习者学习兴趣，鼓励学习者大胆开口，不怕出错，让外语课堂真正成为交际课堂，以免课堂上所学的语言在跨文化言语交际中又出现交际失败或发生语用失误。正如我们一位学生说："本来我也知道应该怎样说（他指书上学过），可是我一说就说错了。"说明他平时怕丢面子说得少。碰到这种情况，教师也不要太急于给学习者更正，因为他知道是错误的，会自动更正，俗话说，熟能生巧。当然如果发现学习者反复出现类似错误，说明已发生语用失误，适当的时候应该及时指正，否则会形成习惯，出现塞林克（Selinker）所谓的第二语言石化作用（fossilization）就很难改正了。

三、重视学习者通识教育

南京航空航天大学外国语学院吴鼎民曾提出大学英语教学的"三套车"构想与高素质人才培养的理念。"三套车"，简而言之，就是把英语语言、中外文化和多学科知识系统地融入大学英语教学之中。由于一个人的精力有限，所以"多学科知识"应该指各学科的常识性的东西,多学科知识教育也就是通常所说的"通识教育"。"通识教育"(General Education)是带有普遍性意义的人生教育,目的是使学生得到健康发展。早在20世纪20年代,清华大学校长梅贻琦先生提出了"通识为本,专识为末"的教育理念,并以此作为其治校的指导思想。李曼丽、林小英提出了符合中国实际的通识教育课程设计的框架为以下四类:(1)中国文化知识;(2)西方文化知识;(3)数理计算机和生物化学等自然学科知识;(4)人文社会学科知识。这样一来对培养学习者的百科知识、提高语用能力很有帮助。从而避免跨文化交际中因缺乏某些常识性的知识而发生严重的语用失误,也不至于使正在进行的言语交际活动陷入中止的尴尬境况。

如今很多高校基本上都向全校开出一些公选课,并给予学分,很受学习者的欢迎,这也是一条推广通识教育的有效途径,只要坚持下去,对拓宽英语学习者的知识面会大有帮助。

四、建构相关语用图式知识语料库

图式理论有很强的解释力和概括性,它已被用来解释多方面的心理过程,同时也被运用于英语教学中的诸多方面。例如,平时有意识地帮助学生建构一些诸如称呼、问候、介绍、寒暄、告别、请求、询问、提议(供)、道歉、谢意等常用的言语行为语料库,以及类似于习语、民俗文化、用餐礼仪等与汉文化间有差异性的语料库。以便在下次言语交际活动中迅速提取。当学习者接触的真实材料越来越丰富时,其头脑中的语用语料库也随之扩充,逐渐建立更为庞大的语用语料库。比如,针对道歉这一言语行为我们收集到了如下语料。

【案例51】英语中常用的致歉语

Excuse me. 对不起,请原谅。

Will you excuse me for a few minutes? 对不起,我要离开一会儿。

Excuse me for my smoking here. 请原谅,我在这儿吸烟了。

I'm sorry. 对不起。

Sorry about that. 这事就对不起了。

Sorry for not phoning you. 对不起,没给您打电话。

I'm very/so/terribly/extremely sorry for that. 我为此非常抱歉。

I can't tell you how sorry I am. 我实在难以表达我的歉意。

I beg your pardon. 一定请您原谅。

Pardon me. 请原谅,对不起。

Pardon me for sneezing. 对不起,打喷嚏了。

I do beg your pardon for the mess I've made. 我把事情搞得一团糟,一定请您原谅。

A thousand pardons for taking up so much of your time. 占了您这么多时间，抱歉，抱歉。

Please forgive me. 请原谅。

Please forgive my carelessness. 请原谅我的粗心大意。

Please forgive me for having lost your book. 请原谅，我把您的书弄丢了。

I apologize. 我道歉。

I must apologize for my rudeness/fault/mistakes, etc. 我必须为我的失礼／过错／错误等道歉。

I must beg to apologize for troubling you so much. 给您添了这么多麻烦，我得向您道歉。

I must beg to apologize for the delay. 误事了，我必须为此道歉。

I've got to apologize for losing my temper. 我发了脾气，必须向您道歉。

May I offer you my profoundest apologize? 谨向您表示最深切的歉意。

May I offer you my sincerest apologies for the wrongs I've done you. 我使您受到委屈，仅向您表示最诚挚的歉意。

中国英语学习者脑海中如果有了如上所述的一个个言语行为语料库，言语交际中就会获得更加成功的交际。更多其他言语行为的语料可以参见杜学增所著的《中英文化习俗比较》。

五、尽量营造真实外语语境

（一）充分利用网络资源和多媒体资源

现在的网络资源十分便利，也因它的缘故，人们可以通过电子邮件直接与目的语国家的人进行网上交流。比如，你想叫你的外国客人"别急，慢慢吃"，或是客人就要离开，你想请他"慢慢走"等非常常用的问题，你不敢肯定如何表达，你通过网上查询，他就会告诉你"Take your time and enjoy your meal""See you/Bye-bye/Goodbye"，就不会出现"Don't hurry and eat slowly""Go slowly"这样的语用失误啦。

当然有条件的也可以多看原版电影或影视材料，内容涉及历史、政治、宗教、艺术和文化风俗等题材，如"The Simpsons""Forrest Gump""Patriot""Friends""Spin City""Everyone Hates Chris"等。这些影片会让英语学习者感受到真实语境的存在，从不同的角度了解英语背景文化，有助于提高个人的英语语用能力。

（二）鼓励中外语言学习者互换交流

王初明详细论述了互动在外语学习和使用上的核心作用。他认为最佳外语学习途径是在语境中与本族语人互动。语言只有与恰当的情景语境知识互动才有正确、流利和得体的运用。比如，桂林电子科技大学近几年一直保证有 20 多位外籍教师直接给学生上课或直接对专业英语课程的老师进行培训，虽然聘请外籍教师的成本较高，但跟直接送如此多的老师出国培训相比还是很划算的。而且平时的各种英语活动如英语角，英语话剧表演、英语脱口秀等活动都可以很方便地聘请到外籍教师参加。这样做无疑对营造真实的外语语境，提高外语学习者的语用能力以及避免言语交际中的语用失误是大有裨益的。王初明教授还进一步指出就目前的形式和状况，最有效、最实惠的做法就是把英语本族语的学生，特别是中学生介绍到中国来，或把中国的学生推荐到英语国家进行互相交流，这样的语境最真实，学习者的语言也最地道。

六、增加汉英或英汉词典的语用词条

词典是一位免费咨询的教师。中国英语学习者在自学中碰到困难时常常想到的是词典，因此词典的语言使用词条应该要跟上时代的步伐。比如，"酷语"（cool language）这个词（组），我们在《现代汉语词典》或《英汉双解词典》上都很难发现。其实这个词（组）在社会上早就传开了，什么是酷语呢？酷语者，最新最时髦流行语言之谓也。简言之，酷语，即为流行语，指在某个时期、某个地区、某个社会群体中，被人们广泛传播、使用、熟悉的用语。通常指一些词语，也可以是篇章或语篇，甚至是一些符号或数字。它们的出现与使用涉及特定的范围、职业或某些社会现象，有的只在一定范围内、一定人群中是酷语，而有的流行范围很广，是一种社会酷语。它分为"时政酷语""经济酷语""时尚酷语""体育酷语""教育酷语""IT 酷语""媒体酷语""校园酷语"等，几乎涵盖了各个领域。再比如，"族""晕""贴士"等，它们的语用含义都超出了原有词典中的意义。所以我们建议词典学方向的学者们在编撰或修订词典时，要尽量挖掘词语中的语用词条，以便我们的学习者在学习中遇上困难时能方便查找，为减少言语交际中的语用失误贡献力量。

七、培养语用移情策略

"移情"（empathy）一说是德国的罗勃特·费肖尔（Robert Visher）在 1873 年发表的《视觉的形成感》一文中首先明确使用的美学概念。日本语言学家库诺（Kuno）最早把移情的概念移植到语言学领域。国内最早将"移情"的概念引入语用学的是何自然。他于 2011 年在《外语教学与研究》上发表的《言语交际中的语用移情》一文，并结合大量的汉英实例说明了语言语用和社交语用两方面的移情策略对避免言语交际中语用失误的意义。可是，遗憾的是在我们采用"何阎卷"的实证研究中发现第 7 题关于"go"与"come"的邀请选择中居然各小组的错误率都在 50% 以上。这说明中国英语学习者的移情策略使用还需要好好加强或是他

们对语用移情的重要性报以无所谓的态度才出现这样的结果。语用移情的意义到底有多重要？我们再举一例，或许会得到更大的启示。

【案例 52】关于一个路人与一个掉进河里的吝啬鬼的故事。

路人（反复地）：Give me your hand.

吝啬鬼（无动于衷，眼看着就要被河水淹没）

路人（灵机一动）：Take my hand.

吝啬鬼（拼命地抓住了路人的手）

本案例是练习 give 和 take 最好的素材，同时也是语用移情交际功能得以实现的最好范例。我们知道，吝啬鬼的本性是拿和获取，而非付出，如果这位路人没有及时调整自己的心理认知状态把自己的手给他，那么吝啬鬼的生命可能就没有了。虽然故事有点夸张，但确实是对语用移情意义的真实反映。

八、注重言语交际中人际关系和谐管理

和谐管理（rapport management）这个术语是英国卢顿大学借鉴李驰的礼貌原则和布朗（Brown）和莱文森（Levinson）的面子理论所提出的。海伦·斯宾塞·奥蒂（Helen Spencer-Oatey）认为礼貌原则侧重于人际关系和谐的一面，而实际上人们有时也会用言语来攻击对方，因此只从礼貌的视角来解释交际中的人际关系是远远不够的。另外，她之所以用关系管理来代替面子理论是因为面子一词似乎主要关注说话者自己，而关系管理意味着交际双方的利益都受到了关注，得到了平衡。布朗（Brown）和莱文森（Levinson）提出的正面面子和负面面子的思想在海伦·斯宾塞·奥蒂（Helen Spencer-Oatey）看来无法很好地解释言语交际中的关系问题，因此她提出了调节交际者之间和谐或不和谐关系的关系管理理论。

所有的语言都有一个双重的功能：信息的传递（the transfer of information）和社会关系的管理（the management of social relations）。关系管理理论探讨的就是如何使用语言来建立、维护人际关系和社会关系，它包括社交权（sociality rights）管理和面子（face）管理两个方面。社交权（sociality rights）与个人或社会的期望有关，反映人们对是否公平、是否被重视、是否被社会认可或排斥等问题的关心。它由公平权（equity rights）和结交权（association rights）两个方面构成。公平权（equity rights）指的是人们都有权受到他人的注意，得到公平的待遇，不被他人无端地强迫或命令，不被他人利用或剥削。结交权（association rights）的含义是指每个人都有与他人保持符合他们之间关系的联系或交际的权力。这种权利既包括与他人进行一定量谈话或交流的交际联系权，也包括情感联系权，即指人们在多大程度上能得到他人的关心、能与他人分享感受和兴趣。布朗（Brown）和莱文森（Levinson）提出的负面面子在海伦·斯宾塞·奥蒂（Helen Spencer-Oatey）

看来与面子无关，它实际上指的是结交权（association rights）。

海伦·斯宾塞·奥蒂（Helen Spencer-Oatey）认为面子实际上是指人们对得到他人认可和赞赏的需要，它也包括两个方面，即素质面子（quality face）和身份面子（identity face）。素质面子与个人的素养和能力相关，身份面子与人们在社会或群体中扮演的角色或起到的作用有关，人们都希望他人认为自己是一个能力强、素质高的人，都希望他人把自己当作亲密的朋友、可靠的领导或重要的客户。素质面子（quality face）和公平权（equity rights）属于个人独立的层面，身份面子（identity face）和结交权（association rights）属于社会的、相互依赖的层面。

海伦·斯宾塞·奥蒂（Helen Spencer-Oatey）的关系管理思想与布朗（Brown）和莱文森（Levinson）的礼貌模式有两个主要差别。第一，布朗（Brown）和莱文森（Levinson）的礼貌模式主要针对个人或个体的面子需要，而Helen Spencer-Oatey的理论增加了一个从社会关系或相互依赖关系的角度来解释人际关系管理的层面。第二，海伦·斯宾塞·奥蒂（Helen Spencer-Oatey）的关系管理思想将面子需要（face needs）与社交权（association rights）区别开来，因为她认为负面面子不是面子需要的结果。由此看来，她提出的关系管理理论思想比Brown and Levinson的面子理论更加具体、全面、合理。

海伦·斯宾塞·奥蒂（Helen Spencer-Oatey）进一步指出：人们之间的和谐可以通过两个主要的途径受到威胁，一是面子威胁行为（face-threatening behaviour），二是权力威胁行为（right-threatening behaviour）。当人们威胁到我们的权力时，他们就会破坏我们人际或社会蕴含的意义，比如说，如果某人试图强迫我们做某事，但是我们觉得他们没有权利期望我们这样做，他们就威胁到了我们的公平权；类似地如果某人为了我们的嗜好用一种太私人的方式对我们说，我们会觉得这个人威胁到了我们的结交权或非结交权（association rights or disassociation rights）。其结果会使我们觉得受到侵犯、不舒服、苦恼或生气，但是我们不会觉得丢面子。我们认为虽然没有丢面子，但是人之间的和谐受到了破坏，这都是某人语用失误所致。

那么如何进行言语交际中的和谐管理，从而减少语用失误的发生？海伦建议从以下范畴探讨和谐管理策略：第一、言语行为策略的以言成事范畴（illocutionary domain）；第二、篇章内容范畴（discourse domain）；第三、参与模式范畴（participation pattern domain）；第四、交际风格范畴（communicative style domain）；第五、非言语行为范畴（non-verbal act domain）。特别是言语行为策略，她更加看重，包括语义的选择、直接或间接、降级或升级等言语策略如何调节说话人关系。请看下例：

【案例53】关于直接或间接言语行为选择的范畴

a. Wash the dishes!

b. I want you to wash the dishes.

c. How about washing the dishes?

d. Can you wash the dishes?

e. What a lot of dishes there are!

上述话语的直接程度不同，越往 e 话语的方向越间接，反之，则越直接。言语交际中，选择不同的话语程度会对人际社会关系（social relations）带来不同的影响。比如，对于一个不是很熟悉的人，如果采用话语 a 的言语行为，对方心里肯定不舒服，造成了典型的语用失误，因为它的面子和权利都有可能受到威胁，违背了言语和谐管理的理念，从而破坏了人际的和谐。

第四章 跨文化视角下语用语言失误研究

语用语言失误主要包括：语音的语用失误、词汇的语用失误、语法的语用失误。下面我们逐一加以分析说明。

第一节 语音的语用失误

语音是语言的物质外壳，语音所具有的物理、生理、社会属性也是其普遍性质。如果从区别特征上看，两种语言的不同之处首先表现在其语音的不同上。跨文化交际中，如果对目的语的语音特点了解不够，不能正确掌握其发音原理及方法，就很容易造成语音上的语用失误。下面我们通过对汉英两种语言的语音面貌进行对比，来揭示中英跨文化交际中语音方面的语用失误。

一、汉英两种语言的语音面貌对比

（一）音节结构

对汉英两种语言的音节结构可以从两方面进行分析。

从现代语音学角度，看其元音与辅音的搭配情况。在这方面，二者有较多的共性：均以元音作为音节核心，元音一般是音节不可缺少的成分，辅音可以处于其前或其后的位置，形成开音节或闭音节等。一般说来，由元音和辅音构成的音节共有以下四种基本类型（V 表示元音，C 表示辅音）：① V；② CV；③ VC；④ CVC。在此基础上，不同的语言由于各自不同的特点，又可扩展成许多不同的音节结构。汉语和英语分属不同的语系，汉语属汉藏语系而英语属印欧语系，两种语言差别很大。因此，虽然二者均具备以上音节结构的四种基本类型，但是对这四种基本结构的具体运用有很大的不同，二者的差异性也是明显的。

汉语的音节结构可以归纳表述为：

$$(C) + (V) V (V) + (N, P)$$

括号里的成分是可有可无的，N 表示鼻辅音，P 表示塞音，N 与 P 同在一个括号内表示二者互相排斥。

英语的音节结构则可以表述为：

（C）（C）（C）+V+（C）（C）（C）（C）

具体地说，英汉两种语言在音节结构方面元音与辅音搭配情况主要有以下两个方面的差别：

其一，汉语没有辅音群型的音节，即辅音不能连续出现。出现在音节开头的只有单一的辅音，出现在音节尾的也只有单一的辅音，而且只限于 n 和 ng。而英语音节的一个最大特点便是可有各种辅音群。常有 2 个甚至 3 个连续辅音出现在音节的开头，结尾连续出现的辅音甚至可达 4～5 个。而且辅音群出现的位置也较自由，几乎所有的辅音都可出现在音节首或音节尾。

其二，汉语音节的音素最少一个，最多 4 个，英语音节的音素最少一个，多则达 7 个。在汉语里，一个音节中可以出现两个以上的元音，但主要元音就一个，如"小"（xiao），主要元音为 a，而 i 和 o 分别作介音和韵尾。英语中有几个元音就是几个音节，元音与辅音的搭配关系较为灵活，不受什么限制。

在汉英语音结构的对比中，区分的另一种角度是：汉语属于声调语言，英语为非声调语。在传统的汉语语音分析中，音节被分为声母、韵母、声调三部分，还有"头（辅音）、颈（介音）、腹（韵腹）、尾（韵尾）、神（声调）"之说。声调被称为整个音节的"神"，因为它是意义的区别性特征之一。音节中声母和韵母都相同，只要声调不同，词义就不同，如"买/卖""生活/生火""终于/忠于""迹象/吉祥"等。由于声调的作用，汉语语音面貌还有所谓的"平仄"区别：古汉语四声的第一声为平，上、去、入三声为仄。而英语的任何一个词，都没有区别意义的声调，不管用什么调读，都不会改变词义，也无所谓平仄。

此外，汉语的字以单音节为主，音节间的界限分明，有较明显的停延标志，很少出现连读现象。而英语的词以多音节为常，音节之间的连读、音渡现象较多。

（二）重音和语调

重音分为词重音和句重音两种。从词重音看，汉语的词重音没有区别意义的作用，而英语的词重音则是重要的语音成素，具有区别意义的作用，如 'content（n. 容积，容量），con'tent（v. 使满意，使满足），'abstract（n. 摘要），abs'tract（v. 提取）。这是因为英语的词没有辨义的声调，词重音就显得很突出。汉语除了单音节词外，所有的词都有一个主重音和一个次重音。除了对比重音可以根据需要灵活处理外，主重音一律在最后一个音节上。而英语的两个音节词通常没有次重音。三个以上音节的词虽然有不少词也有次重音，但主重音一般不在最后一个音节。

从句重音看，汉语中句重音强度不十分大，也不是很突出，就表意功能来说，远不如声调重要。但在英语语句中，这种重音显得突出，表意功能也非常重要。当句子中连续有三个重读重音节时,中间一个便失去重音。如"'six'teen"这个双音节词有两个重音,在"He is 'sixteen 'years 'old"这个句子中,它失去了第二个重音,因为后面跟着的是重读音节"years"。在"He is 'just six'teen"这个句子里,它失去了第一个重音,因为它前面是重读音节"just"。

英语的语调与意义相关,它是说话者表达要点的主要手段,也是听话者了解对方谈话要点的主要依据。英语语句中的词必须受语调的支配,不同的语调表达说话者不同的意图、态度和感情;同一句话,语调不同,表达的意思就不同。如"He has not been home for a month"这句话,句末用降调念,意思是"他已一个月不在家了";而如果句末用降升调念,意思则变为"他在家不到一个月"。英语有升调、降调、升降调规则,汉语没有"升降调",升降的规则也不同于英语。所以,语言学家把英语称为"语调语言"(intonation language),与汉语被称为"声调语言"(tone language)形成明显的对比。

(三)节奏和押韵

节奏是语音的各种对立因素呈周期性组合的结果。汉语中以元音结尾的开音节很多,使得发音响亮,再配以声调,显得高低徐疾,抑扬顿挫。由语音的音长、音高、音强和音色的异同对立统一组合而形成了汉语的音顿律、长短律、平仄律、扬抑律、声韵律、快慢律和重轻律等七种节奏,其中又以声韵律、平仄律和音顿律为汉语节奏的主旋律。如:"天上下雨地上流,小两口打架不记仇。白天吃的一锅饭,晚上睡的一个枕头。"(声韵律)"登泰山而小天下。"(平仄律)"小嘴巴,小嘴巴,哭一哭,像喇叭,笑一笑,像朵花。"(音顿律)

英语是一种"以重音计时"的语言,其节奏的基本倾向表现为各个重读音节之间的时距大致相等。节奏的特征表现在重读音节和非重读音节交替出现,并且重读音节在基本相等的时间间隔出现。也就是说,一个重读音节到另一个重读音节的时间大致相等,不考虑中间非重读音节的数目。英语的词重音和语句重音在句中重叠或合并以后,读起来长短交错,轻重相间,徐疾有致,便形成了自然的波浪形的节奏。

由于语言面貌的不同,在表达语音的节奏方面,英汉还有一个较明显的区别:英语借助抑扬,汉语诉诸平仄。英语有四种主要的节奏或音步:抑扬格、扬抑格、抑抑扬格、扬抑抑格。而汉语是以声调为要素的语言,它有四个声调:平声、上声、去声和入声(普通话里没有入声,有些方言有入声。入声字一般发音短促,有时还带辅音韵尾)。仄声包括上、去、入三声。平声长,仄声短。"阳平声重,阴平声轻。上声历而举,去声轻而远。"由于抑扬/平仄的语音面貌区别,要实现中英完全互译,是很难的,其不可译性是由英汉两种语言的本质性或规约性区别所决定的。节奏处理的某种变通办法,如:"无边落叶萧萧下,不尽长江滚滚来"是"平平仄仄平平仄,仄仄平平仄仄平",而译文"The boundless forest shed its leaves shower by shower/The endless River rolls its waves hour after hour"采用了"以顿代步"的比拟法。虽然意、形、音都达到了美的境地,但两联对仗的平仄律却反映不出来,译文采用了抑扬格。这种"以顿代步"也只能是权宜之计。

从押韵上看,汉英也各有特点。汉语虽在早期如《诗经》中出现过押句首韵和句中韵的现象,但在历史的发展演变进程中,都是以每句最后一字的韵母相押,即"韵脚"。有"一三五不论,二四六分明"之说,一般首句可不押韵,也有每句都押韵的。传统的押韵还与平仄结合起来,韵母相同而声调不同的要分别归入不同的韵部。如平声字和上声、去声、入声字都不能通押,即使韵母相同也不能算押韵。由此形成了汉语特有的"十三辙、十八韵"现象。而英语的押韵则不仅有尾韵(即韵脚押元音韵),还有其他方式的押韵。如"头韵"safe and sound(开头的辅音相同,也包括开头元音的相同);辅音韵 hall and hell(结尾的辅音相同);倒押韵 song and soft(词首辅音与元音的组合相同)等。

二、中英跨文化交际在语音方面的语用失误

通过上面的对比分析,我们可以发现汉英两种语言在语音方面的差异,而这些差异之处也正是中英跨文化交际在语音方面易发生语用失误之处,主要表现在以下几个方面。

(一)重音

如前文所述,从语言的语音系统来看,汉语属声调语言,靠声调辨义,如mā(妈),má(麻),mǎ(马),mà(骂);而英语属于语调语言,主要靠语调辨义。汉语的字、词无重音、次重音之分,因此,初学英语的中国人往往对英语的重音、次重音掌握不好,产生语用失误,而初学汉语的外国人却对汉语的声调掌握不好。郭莹女士在一篇文章中讲述的教外国学生汉语时遇到的情况就充分说明了这一点。

我有一个学生约翰,一见我的面就自豪地声称他已自学过汉语了,接着便开始卖弄起他的汉语"学问"来:"你嚎(好)小姐郭,我很歌星(高兴)扔死你(认识你)。"

在以后的学习中,约翰的汉语常常令我啼笑皆非,比如他告诉我说:"我的媳妇(西服)在皮包里。"每次走到楼梯口,约翰都会略微躬着身,伸出臂,一派典型的英国绅士风度,口中说道:"请小心裸体(楼梯),一起下流(下楼)吧。"

一位初到北京的美国留学生踏进饭馆,开口就将包子说成了"报纸"。他想吃饺子,冲口而出的却是"轿子",听得服务员云里雾里,尤其令她莫名气愤的是,这位美国人居然声称他最喜爱的一道菜是"红烧屁股",有侮辱的嫌疑。这位洋学生赶忙将菜单指给小姐看,小姐这才弄明白,原来他是想吃"红烧排骨"。

第四章　跨文化视角下语用语言失误研究

有位英国小伙总爱一口一个"我的老伴儿"。二十岁出头的年轻人何来的"老伴儿"呢？听了几次我才恍然大悟：他是在说他课余打工的老板，只不过他自作主张将"老板"加上了儿化音，成了"老伴儿"。

当然，这里面除了有声调方面的错误（西服、包子、饺子）外，还有韵母方面的错误（高兴、扔死、楼梯）和儿化方面的失误（老伴儿），从而引起了种种误解。

（二）双元音发音不到位

英语的双元音在发音时有口形变化，通常是由前一个音向后一个音滑动，而汉语拼音的双声韵母无口形变化。由于受汉语的影响，初学者常把英语的双元音处理成汉语的双声韵母。如 bai（拜）这个汉语拼音里的双声韵母 ai 和英语单词 buy[bai] 里的双元音 [ai] 不分。这种受汉语双声韵母发音的影响发出的英语双元音听起来比较生硬。

（三）部分辅音的发音不准

（1）等辅音的发音不准。英语中有等辅音，而汉语中没有这些音位，因此，中国的英语初学者往往感到发这些音比较困难。比如把 think[θiŋk] 发成 [siŋk] 等。

（2）[n] 和 [l] 不分，[w] 和 [v] 不分。汉语里某些方言（如重庆方言）与普通话的差异在语音方面的一个突出表现是 [n]、[l] 不分。学习英语时，这种习惯会影响英语的发音。一些人将两个音都发成 [n]，更多的人则把它们都发成 [l]。如 name 被发成 [leim]，light 被发成 [nait]。另外，汉语里很多人在发音时常常是 [w]、[v] 混着发音，如把"为"wei 发成 vei。但如果将此习惯带进英语的发音中，就会造成发音错误，如把 weed[wi：d] 发成 [vi：d]，very['veri] 发成 ['weri]。

（四）单词末尾加音

英语既有元音结尾的开音节词，又有以辅音结尾的闭音节词，而汉语的"字"多数以元音、次元音结尾，属开音节。汉语的这种语音特征使初学英语者在发以辅音结尾的英语单词时，常在其后加上一个元音。如把 hope 发成 ['haupu]，bet 发成 ['beti]。以上语音方面的错误，主要是英语初学者在没有完全熟练掌握英语语音系统之前，借助汉语的语音规则，而导致母语在英语语音方面的负迁移。

（五）不能正确把握语调、重音、说话的快慢和停顿的长短

例如，同样一个句子，你用不同的语调和重音说出来可以表达不同的意思，可以是命令，也可以是疑问等。重音位置的不同会影响人们的注意点。印度人常常在主要观点前的那个句子上加重语气，然后低声说出他们的观点，故印度人在和中国人谈话中述说主要观点时，中国人常常不很注意。重音位置不同，也会产生不同的语用含义，如"这件衣服看上去很好"，如果重音在"很好"上，是对衣

服的褒扬，如果在"看上去"上，其寓意就为"实际上不怎么样"了。

语速的快慢和停顿的长短也会给跨文化交际者带来困惑：一个人说话之后停顿多久才意味着一个话轮的结束？两个人之间的谈话不希望有空白，那就可能产生这样的情况：甲认为乙沉默不语，乙认为甲抢话说。有一位英国留学生，大家都认为他平时不喜欢说话。后来才知道他在等待别人说话，原因是他期待的停顿比我们的要长，而我们又觉得停顿太长会造成沉默局面，于是又另找话题以期打破这种沉默。来自不同文化的人们甚至在结婚以后也不能保证彼此不误解。经常存在这种情况，说话稍慢的伴侣指责说话快的对方不给他讲话的机会，或指责对他谈话的内容不感兴趣；而说话较快的伴侣则抱怨说话慢的对方不和他讲话，或不把他心里的话说出来。

第二节　词汇的语用失误

著名人类语言学家萨丕尔说："语言的内容，不用说，是和文化有着密切关系的。语言的词汇多多少少忠实地反映出它所服务的文化。"的确，语言的词语和词语意义集中地反映了民族文化内涵。对汉英两种语言的词汇系统进行对比，无疑对克服和避免中英跨文化交际中的语用失误具有积极的作用。

一、汉英两种语言的词汇系统对比

（一）共有词语且意义大致相同

汉英语分属于两种不同的语言，其语音面貌和文字形态是很不相同的。但对于词汇系统而言，却有另外的情况。两种语言有一部分相同指称的词语，虽然其词形和读音可以不同，但表示的概念、意义却大致相同。如表示自然现象的一些基本概念：日、月、山、水、风、霜、雨、雪等，两种语言都有相应的词语，且意义大致类同。又如拟声词，汉英两种语言也有不少读音基本相同、意义一样的词语，还有一部分成语俗语的意义相同。

更进一步，一些词语的引申意义或联想意义在两种语言里也可能相同。如汉语的"狐狸"与英语的 fox，除了特指同一种动物之外，两种语言中都会引起"精明、狡猾、欺诈"的联想：

狐狸总是要露出尾巴。

A fox may grow grey, but never good.（狐狸善变，本性难移。）

不同语言之所以可有相同的词语和词义，原因大致有以下两点：

（1）人类的认知大体一致。在经历了百万年的进化之后，人的大脑、神经系统和语言的感知器官都具备了大致相同的结构和功能。通过语言认识事物、把握世界成为人类共同的能力。人类都生活在地球上,所处的生态环境大致相似,人类对客观世界的感觉、认知和人类思维结构也大致相同。

(2)语言是社会生活的镜像,忠实地反映社会的原生状态。虽然不同语言可从不同的角度对事物进行命名,但对一些现象特别是能直接感知的实体的反映通常是一致的。因此,从客体语义的属性方面产生联想,在不同的语言中往往有其共性。我们上面所说的拟声词就是很好的证明。

当然,不同语言词语意义完全相同的现象是很少的。正如捷克语言学家兹古斯所说:"两种语言中只有少数几个不是多义词的对应词才真正有完全相同的词义。在两种语言中,词义完全相同的词汇是极其罕见的。"

(二)不同语言特有的词语,形成各自的意义系统

这种情况便是所谓的"词汇(词义)缺失"现象。汉英两种语言都有悠久的历史,反映了各自深厚的文化传统,它们都有不少属于各自特有的词语。如汉语中反映日常生活的"粽子、元宵、馒头、炕"等;反映官职的"举人、进士、状元、太史令"等;反映传统文化的"盘古、阴阳、太极、气功、华表、麻将、算盘、鼎、瑟"等;反映传统艺术的"脸谱、花旦、青衣、跑龙套、唱双簧"等;反映社会现象的"老三届、知青、黑帮、军民共建、农转非"等。还有不少俗语,如"三九天、三伏天、老油条、灌迷汤、炒冷饭、万金油、马后炮、将一军、半斤八两、半路出家、打退堂鼓、不知他葫芦里卖什么药、吹喇叭抬轿子、瞎子点灯、肉包子打狗、黄鼠狼给鸡拜年、程门立雪、胸有成竹、守株待兔、只许州官放火不许百姓点灯"等。这些词语都是汉语特有的,在英语中找不到对应的词。

同样,英语中有不少词语也是汉语词汇系统中难以一一对应的。比如,在英语民族文化中占有重要地位的基督教形成了一系列专门词语,基督教的诸门教派、机构的各种神职人员的专有名称以及教堂礼拜程序中各项内容的名称等,汉语中就没有直接对应的词语。对它们的翻译,有时需采用词组或加说明的方式。如"parish"可用词组译为"一位主教管辖下的教区";"revival meeting"可加以说明,即"一种宗教气氛极浓、歇斯底里般的信仰复兴集会"。又如"cowboy, hippy, punk"等词,是反映英语文化特有现象的,汉语中自然没有相对应的词。虽然可分别译为"牛仔、嬉皮士、朋克"等,但其中反映的英语文化内涵却是需要另加说明的。

再如"Fair play",在最早引进国内时,也没有直接对应词。鲁迅当年就音译为"费厄泼赖"。这个短语表现的就是其他国家没有的一套复杂的行为准则,它表达并且传递了英国人民在漫长的岁月中认为合乎社会需要的一种行为准则。至于当今的体育界在接受此词之后,意译为"公平竞赛",基本上达成对应,则是很长时间之后的事了。

有人在美国教授中国文化时，对"气功"一词的翻译颇费周折。用拼音"qi-gong"后，把"气"解释为身体之本"the essence of the body"，马上就有人问这种"essence"是什么做成的；当把"气"说成是"gas"时，听者更是不知所云。最后他只好撇开汉字"气"的直接意义，而把它说成是人体中一种潜在的功力和能量。这是中华文化中的独有概念在英语中无对应词的典型例子。

在汉英两种语言的词语对比中，有一类被《马氏文通》称为"华文所独"的虚词很值得一提。准确一点说，汉语的量词是真正独特的词语，英语虽有时也会出现"a cup of tea, a sheet of paper"之类的说法，但"cup, sheet"不是实质意义上的量词，也没有普遍性。而汉语的量词则是极富表现力的一类词。它们虽是从语法角度划分的，但由于其多为实词转化而来，同样具有相应的意义，特别是同相关的数词和具体实词配合之后，这种意义更为明显。如一粒米、一滴水、一片云、一团雾、一叶扁舟、一轮明月等，米、水、云、雾、扁舟、明月等因为有了粒、滴、片、团、叶、轮等量词，给人以形象生动、触手可感的印象。若删去这些量词，就变得干巴巴的了。动量词的（走了）一趟、（想了）一遍、（瞎吹了）一气、（乱侃了）一通等，也含有说话人对所说事物的态度。汉语中这种常用的量词是使语用形象化的重要手段，亦是英语所不具备的。

以上的词语不对应现象所产生的原因，也是与不同语言社会的文化相关的。正如著名语言学家拉多所指出的那样："我们把生活经验变成语言，并给语言加上意思，是受了文化的约束、影响的。而各种语言则由于文化的不同而互为区别。有的语义存在于一种语言之中，但在另一种语言中却不存在。"

（三）两种语言有可对应的词语，但在意义上有差异

这是两种语言词语对比中最值得注意的部分，也是在跨文化交际中最容易发生语用失误之处。典型的例子如汉英对龙"dragon"的认识。在中国人的心目中，"龙"是一种有神秘力量的神物，它能呼风唤雨，造福人类。龙是中华民族的象征，是中华民族的图腾，中国人是龙的子孙。于是在汉语中，"龙"常和吉祥、尊严的事物联系在一起。如"龙飞凤舞""望子成龙""龙凤呈祥"表现欢乐吉祥，"龙腾虎跃"形容热火朝天的场面等。更进一步，由喜欢龙而崇拜龙，以至把它放在至高无上的地位：与皇帝有关的东西都加一个"龙"字。皇帝未即位时称"龙潜"，登基叫"龙飞"，帝业创立叫"龙兴"，住地叫"龙宫"，乘的叫"龙辇"，戴的叫"龙冠"，穿的是"龙袍"，睡的是"龙床"，他们的容颜自然也就是"龙颜"，他们的后代是"龙子龙孙"。甚至连皇帝死了也要叫"龙驭宾天"，意为乘龙升天，做天帝之宾。直到今天，中国人还称自己为"龙的传人"。然而，在英语中"dragon"却是神话中的一种妖怪，它形似鳄鱼，鳞爪俱全，口吐火焰，凶神恶煞般地站在那里看守金羊毛，还无端吞食人类和动物，制造水火灾害。人们对它是厌恶和

痛恨的。与中国人称"龙年"为大吉大利之年形成鲜明对比,在英语中"a dragon year"就是"a disaster year"(灾年)。正因为有这种意义上的差异,西方人称亚洲"四小龙"时,用"four tigers"来代替"four dragons"。

需要指出的是,不同语言存在相对应的词语及词语意义,但又有不同的情况,多是其字面意义之外的"含义"不同。这种含义或为联想意义,或为情感意义,或为社会文化意义,有必要进行深入的分析。大致说来,可从以下几方面探讨其原因:

1. 赋义方式不同

语言是社会生活的反映。用词语来指称事物,并赋予一定的意义,是不同民族语言的共性所在。众所周知,语音与语义之间的关系是约定俗成的,用什么样的语音代表什么样的意义完全是任意的。同样,什么样的词语具有什么样的意义,也是任意的,由不同语言社会约定俗成的。但从语言的产生和发展的历史看,可以推定,不同语言最早阶段对词语及词语意义的构建大致是相同的。正如弗尔纳德所说:"在所有语言中,最早的词都可能以某种方式与物质的、可感觉到的东西,如太阳、月亮、山、树、鸟兽相联系。当人们逐步需要一些词来表达抽象概念和思想感情时,获取这些词的自然方式,或许是唯一方式,是使物质适从于思想的需要。"这就是说,在经历了早期的共性的形象化赋义阶段之后,语言需要通过抽象的概念来表达更为丰富的思想。随着时代的发展,这些新概念新思想越来越多,相应地也产生了难以计数的新词语。值得注意的是,在这个过程中,不同语言所表现出来的差异性渐渐超过了共同性。因为不同民族的人的生活经历、思维模式会有所不同,对事物的观察、感知也会有所不同。在观察和认识事物的过程中,不同民族的人会注意或注重事物的不同特征或侧面,其对词语的认识便形成了一定的角度或定势,使之产生各有差异的意义。这便是所谓的"赋义方式"不同。如对"火车"这一事物,中国人赋义的理据是火与汽,在汉语里用"火+车"的方式(相当于英语的 fire or steam+cart)来表示,英美人注意的则是轨与道的运行方式——railway train,用"铁轨(rail)+路(way)+车(train)"的方式构词并赋义。

根据人类语言学的研究,对语言词语的赋义方式大致有两种:一是印象式;二是比喻式。印象式指的是赋义时偏重依赖日常观察中所获取的印象,如方位、状态、颜色、材料、功能、行为等,使人对词语反映事物的特征一目了然。不同的语言都有印象赋义方式。相比之下,汉语比英语更偏重也更精于此道,而英语的印象式多用专门术语。

可以看出,汉语的词语更注重印象或形象,英语则多以专门术语来表示。虽然同属印象式赋义,结果却不同。直译词比英语原有词语增加了直观的印象性。

比喻式是一种通过对相关事物的描述或转移来间接地为词语赋义的方式,它能使所喻词语显得生动、活泼、形象、易懂。作为高度发达的语言,汉英两种语言都十分娴熟地运用这种赋义方式,造出大批的比喻性词语。如汉语中的金字塔、面包车、瓜子脸、扫帚眉、水蛇腰、铁公鸡、芝麻官、醋坛子、尚方宝剑等;英语中的"to talk horse"(吹牛),"to beard the lion"(太岁头上动土),"to eat one's salt"(吃了人家的嘴短),"to grease the palm"(给小费),"great gun"(名人)等。两种语言有很大的类同性。但需要指出的是,在比喻式赋义时,不同语言所凭依的参照物是不会完全类同的,由此体现出相对的个性。在这方面,汉英两种语言大致有两点不太一致。

第一个不同之处是用来作参照的物体不同。汉语的"碗"常作为参照物被赋予多种特定的文化含义,成为人所共知的比喻形象,如铁饭碗、金饭碗、抢饭碗、砸饭碗等。而英语的对应词"bowl"没有这种比喻义,但是其常用的罐壶(pot)与平锅(pan)常带有丰富的比喻义。如:"A watched pot never boils"(心急水难开)。"To keep the pot boiling"(养家糊口),"not to have a pot to piss in"(一贫如洗),"a flash in the pan"(昙花一现)等。又如英语中常用"lion"(狮)作喻体:"to beard the lion"(太岁头上动土),"regal as a lion"(狮子般庄严)。而汉语则很少这样用,常见的倒是以"虎"为喻体:虎将、虎威、虎势、生龙活虎、虎踞龙盘、虎虎生威、虎口拔牙等,也有马虎、虎头蛇尾、骑虎难下、狐假虎威等词语。《纽约时报》曾有报道,一位中国学生和一个美国教师交谈时,想表达中国成语"骑虎难下",便按表面意思说成"Ride a tiger and find it hard to get off"。这位美国人听后惊讶地说:"中国人发疯了,为什么要骑在虎背上?"此时,一位中国访问学者加入了他们的谈话并对此用英文作地道的翻译:"Up a gum tree"(骑虎难下,进退维谷)。这个成语的参照意象来源于英国高大的桉树(gum tree),当一个人爬在树中间时,上下都很困难。至于中国人常用"马虎"表示粗心大意,也容易让不了解中国文化、初学汉语的外国人迷惑不解。当中国人说"他做事太马虎",英美人听起来会感到很奇怪,他们会联想到"horse"或"tiger",却不理解这两种动物与做事会有何联系。

第二个不同之处是相同的参照物体产生的联想意义不同。例如,汉语的"鹤"英语叫"crane",两词均有"鸟的一种"的实体词汇意义。但是涉及与联想有关的文化内涵时,这两个词的意义和用法就不一一对应了。如:"They hoist cargo with a crane"(他们用起重机吊起货物),"crane"的词义具有与动物本身形态相关的象形意义。而对中国人来说,鹤蕴涵着丰富的文化信息。首先它是长寿的象征。《淮南子·说林训》:"鹤寿千岁,以极其游"。传统的松鹤图,就寓意松鹤延年。其次,由于鹤在鸟类中给人亭亭玉立的感观印象,又可用来形容仪表和才能出众的人,如"鹤立鸡群"。此外,鹤在我国古代就是稀少的珍贵动物,物以稀为贵,因此还可比喻美好的东西,如"焚琴煮鹤",即比喻把美好的东西糟蹋一尽。

2. 情感色彩不同

汉英两种语言词语意义的不同，还与人们在词语中倾注的感情相关。如我们前面所说的"龙"在两种语言中的不同含义，就是不同的感情色彩所致。类似的情况还有很多。比如，汉语中的"蟋蟀"和英语中的"cricket"同指一种鸣叫的小昆虫，却有着迥然不同的文化意义。在中国文化里，蟋蟀能激起一种忧伤凄凉、孤独寂寞的感情色彩。历代文人骚客多以此作为意象表达相关情感，如宋玉《九辩》："独申旦而不寐兮，哀蟋蟀之宵征。"然而在英美人的眼中，蟋蟀能带来宁静、舒适和快乐的感觉，如果在圣诞夜听到蟋蟀的鸣叫，将会无比幸运。因而英语有"as merry as a cricket"的说法。

除了对自然界的事物会有不同的感情色彩之外，在一些社会现象上汉英两种语言也会有不同的褒贬之意。如对待"老"的态度差别就是典型的体现。汉语文化中有尊老的传统，论资排辈相当普遍。中国人常用"老+姓"的方式表示对对方的尊重。汉语中的"老"代表经验、学识、成熟、德高望重等，体现在语言中就有"老当益壮""老骥伏枥""老成持重""老成练达""老马识途""老将出马一个顶俩"等具有敬重、赞誉色彩的成语等表达方式。老人可以骄傲地对年轻人说"我过的桥比你走的路还长"，也可以鄙夷地说年轻人"嘴上没毛，办事不牢"。相反，在英美文化中所体现的是"轻老"的价值观念和感情色彩。"old"是含有贬义色彩的、大家忌讳的词语，它意味着思想僵化、知识老化、迟钝、爱唠叨、固执、任性、怪癖等。因此，英语中有许多委婉语，如"senior citizen, elderly people, the longer living, golden age, distinguished gentleman"等，用来代替"old"。

再如我国许多人对喝醉酒的态度是宽容、大度的，甚至有某种鼓励，这是对"醉"的情感在起作用。《诗经·大雅·既醉》说："既醉以酒，既饱以德；君子万年，介尔景福。""醉酒饱德"，既是致谢，也是满足。到了后世，醉酒更成为文人墨客风流倜傥的标志。唐代诗人王翰《凉州词》有"醉卧沙场君莫笑"之句，著名的诗仙李白更是"钟鼓馔玉何足贵，但愿长醉不愿醒"(《将进酒》)。其他如"醉拳""贵妃醉酒""醉翁之意不在酒""酒不醉人人自醉"等说法也都有明显的褒义和浪漫色彩。相比之下，英语对"醉"(drunk)就没有汉语这么积极的色彩，醉酒并不是一件很光彩的事，有"drunk as a sailor"(醉如水手，大概是取水手晕船的状态)的说法，故通常以其他词来代替指称，如以"intoxicated"代替"drunk"，以"alcohol problem"(酒精问题)代替"drunkenness"，说明两种语言对这种同一现象的不同感情色彩。这种不同当然就对词语意义产生了影响。

3. 生存环境不同

不同民族的生存环境有差异，也是造成词语意义不能完全一一对应的原因之一。中国古老文明起源于黄河中下游的中原地带，这里地处北温带，人们以农耕为主，牛是与人们联系最密切的动物，因而在汉语中留下了众多围绕"牛"的词语，如牛皮、牛马、牛性、牛劲、牛饮、吹牛、牛角尖、老黄牛、牛脾气、执牛耳、牛郎织女、牛鬼蛇神、牛刀小试、对牛弹琴、庖丁解牛等。而西方文化起源于游牧，与马的关系密切，牛只是用来产奶的。即使是耕地，也是以马为主。这样，英语里就形成了与汉语"牛"系列词语相对应的"马"（horse）系列词语："to talk horse"（吹牛），"to work like a horse"（像老黄牛一样拼命干活），"as strong as a horse"（强壮如牛），"a willing horse"（工作认真的人），"a dead horse"（徒劳无益的事），"to buy a white horse"（浪费钱财），"to change horse in midstream"（作不合时宜的重大改变），"to ride on the high horse"（傲气凌人），"to come off the high horse"（放下架子），"to hold one's horses"（沉住气），"a good horse should be seldom spurred"（好马无须多加鞭），等等。由于二者引申义上的类同，汉英互译时就得注意不能直截了当地照译字面意义。

从地理位置上看，英国四面临海，自古注重航海业，许多惯用语都与海有关。例如："Any port in a storm"（风暴来临不择港），"Many drops of water will sink the ship"（涓涓水流沉大船），"tell that to the marine"（哪有这样的事），"on the rocks"（处于婚姻危机之中），"tram the sails to the wind"（顺着大势前进），"be a drift"（没有方向的），"be in the same boat with…"（与……共患难），"clear the deck"（扫除障碍），"sink or swim"（孤注一掷），"all at sea"（不知所措），"to tide over"（渡过难关）。而中华民族的发源地在黄河流域，东部才濒临大海，广袤的海洋成为中华民族的天然屏障，因而中国人对海洋有神秘敬畏之感，许多汉语成语都反映出这种文化意义，如海水不可斗量、海角天涯、海阔天空、海外奇谈等。地理位置的不同，也使中、英文对"东风、西风"的理解几乎相反。中国的东风来自东部的海洋，它使草木萌芽，万物生长，与春风相似，因而有"东风送暖"之说。而西风是来自西北高原的凛冽寒风，其时正是中国的深秋或隆冬季节，草木凋零，万物肃杀，故西风成了凄凉萧条的象征。比如，马致远《天净沙》"古道西风瘦马，夕阳西下，断肠人在天涯"，毛泽东《忆秦娥》"西风烈，长空雁叫霜晨月"，都反映了这种苍凉的意象。但是，英国西向大西洋，东向欧洲大陆，东风是来自欧洲北部大陆的寒风，与我国西北风相似。西风吹来时，正是春天来临，万物复苏之际，因此才会有英国诗人雪莱的《西风颂》。在英语中，西风是希望和力量的象征。

4. 文化传统不同

语言背后的文化传统是词语意义差异性的重要因素。美国语言学家尤金·奈达说："词的意义和使用它的文化总是密切联系在一起的。"比如对狗的不同看法就鲜明地体现了汉英两种语言背后的文化。在汉语中，许多情况下，狗不是好东西，虽然其与人类的关系一直很密切。因而与"狗"有关的词语除了"狗不嫌家贫，儿不嫌母丑"这个含有对称义的俗语外，大多含有贬义，如"走狗、狗腿子"指坏人、恶势力帮凶;"狗皮膏药"是骗人的假货;"狗急跳墙"喻坏人走投无路,不择手段;"蝇营狗苟"喻不顾廉耻,到处钻营;"狗咬狗"指坏人和恶势力之间的争斗;"夹着尾巴的狗"比喻坏人失势,等等。其他还有"老狗、狗头军师、狼心狗肺、狗眼看人低、狗改不了吃屎、狗掀门帘全靠一张嘴、狗嘴吐不出象牙、狗咬吕洞宾不识好人心"等,全是贬义。因此,"落水狗"和"丧家之犬"都不值得同情,反而应该憎恶和痛恨,鲁迅就曾经号召人们要"痛打落水狗"。

而西方人对狗一般不抱恶感,反倒有哀怜、眷顾的情感。人们如果不好好待他的狗,就等于不把他当作朋友,其谚语有"Love me, love my dog",与汉语的"爱屋及乌"类似。英语说一个人幸运也是"You are a lucky dog",汉语中骂人的"老狗"在英语里(old dog)则指"年事已高的人"或"经验丰富的人",如"An old dog barks not in vain"(老狗不乱吠),指有经验的人不会乱发表意见。汉语的"狗咬狗"明显有贬义,英语也有"dog eat dog",但它只是中性地表示"残酷竞争"之义。而汉语中的"走狗"一词如译成"running dog",也是不确切的。因为在英美人看来,这是一个褒义词,绝非贬义的。

总而言之,汉英语言词语意义的差异原因是十分复杂的。著名的语言哲学家维特根斯坦说过:"一种语言的词往往并不反映与外世界的全部实际情况,只是反映出操这种语言的人们注意到的地方。"生存环境、文化传统等规定、引导并限制着不同民族人们的注意,使之在赋义方式和情感方面打上了各自的烙印,也就使得词语意义系统显得多姿多彩。

二、中英跨文化交际在词汇方面语用失误的主要表现

通过对汉英两种语言的词汇系统进行对比,我们知道,人们虽然生活在不同的国家或地区,但生活在同一物质世界里,物质生活条件基本相同或相似,因此在各种语言里都存在着相同或相似的词。在跨文化交际中,相同或相似的地方一般不会发生语用失误,需要特别注意的是那些不同的地方。跨文化交际中,在使用数目词、颜色词、称谓词、谦辞及可能产生不同会话含义的词语时,常常出现语用失误,这正是我们应该特别注意之处。这里只就颜色词和数目词易出现的语用失误进行分析。

(一)颜色词的语用失误

颜色词也有着特殊的文化意义。这不仅在于操不同语言的人对颜色的理解不同,还在于颜色词有其特殊的联想意义,它能引起人们的特殊联想,激发特别的反应,产生特别的社会文化意义。我们以几种主要颜色为例,揭示英汉颜色词汇中的文化现象,以帮助我们在跨文化交际中减少这方面的语用失误。

1. 红色（red）和绿色（green）

在诸多颜色中，英汉文化内涵差异最大的恐怕要属红色。我们对红色的文化意义极为熟悉，因为它是中华民族最为喜爱的一种颜色。从新年的祝福到婚礼的喜庆装饰，从故宫的红墙到豪宅的朱门，从古典诗词到文学巨著，红色作为主色调无时不在显示其阳光、幸福、热烈、繁荣、运气等美好而积极的意义。有关红色的诗句如"日出江花红胜火""霜叶红于二月花""映日荷花别样红""万紫千红总是春"等俯拾皆是，数不胜数。相反，"red"一词在西方文化中，意味着流血、恐怖、危险。例如，"see red"是发怒、冒火的意思，"in the red"是亏损、负债的意思，"red tape"是指手续繁杂、办事拖拉、不讲实际的坏风气。在美国小说家霍桑的著名小说《红字》（The Scarlet Letter）中，红色指的是道德败坏、伦理丧失，同时也指代宗教法律上的残暴与罪恶。

西方人偏爱的绿色，大概来源于诺亚方舟上鸽子衔回的绿色橄榄枝，其所含的和平、希望、青春、幸福等文化意义相当于中华民族的红色含义。所以，英国著名汉学家霍克斯在翻译《红楼梦》时，将怡红院译成"Court of Green Delight"，而将怡红公子译成"Green Boy"就不足为怪了。另外，他将书名译为"The Story of the Stone"，避免了原书名中"红"的使用，明显不同于国内翻译家杨宪益、戴乃迭夫妇的"A Dream of Red Mansions"译法，也表现出西方人在情感上对"红"的拒绝。在表达"嫉妒"这一含义时，汉语中用的是"红眼"，和英语中的"green-eyed"及"to be green with envy"相对应，例如："Seeing her sister received so many lovely, she was green with envy."（看到她姐姐收到那么多可爱的礼物，她眼红了。）

2. 黄色（yellow）和蓝色（blue）

如果说"红色"作为中国平民百姓首选之幸运色，那么黄色则是封建社会中皇亲显贵的偏爱了。当权者对黄色的喜爱程度甚至到了限制民间使用的地步。这大约是由于"皇"与"黄"谐音的缘故，也或许是由于金子为黄色的原因。平民百姓对黄色的喜爱除了表现在对权贵的钦羡以外，还有一个重要的原因是他们对黄土地的依恋。以漫漫黄土为主要特征的黄河文化造成了人们认为土地为黄色的心理定式。无论中国人或外国人都把黄色与古老的中国联系在一起。之所以如此，是因为汉代以后阴阳五行说加入了君权神授的儒学思想，对黄色的解释也加入了神学和儒学的观点，黄色于是就变成了万世不易的大地自然之色，代表了天德之美，所以成为尊色，成为帝王的象征。在英语文化中，黄色却无此意义。西方人不习惯使用"yellow"一词，因为黄色在他们的文化中有"胆小、懦弱"的含义。对淡黄色的表达，中国人习惯用"米色"，这是因为米是中国人一日三餐不可缺少的主食；英国人则用"cream"或"creamy"来表达，因为奶油、黄油是他们的普通食物。

蓝色（blue）在西方文化中有高贵、清高的含义，如"blue-blood"指的是贵族血统，在这一意义上，它相当于汉语中的"黄色"。同样有趣的是，在指代"淫秽、不健康事物"时，汉语现代词汇中用"黄色"，英语中也是用"blue"来相对应，如：blue films，指黄色影片。另外，蓝色在英语中表忧郁，而在汉文化中却无此意义。

3. 白色（white）和黑色（black）

白色在西方文化中是纯洁、忠贞的象征，因此，西方婚俗中的事物，从新娘的服饰到洞房中的装置以及银质器皿的使用，都表现出西方人对白色的衷情，因而素有"white-wedding"之称。西方的最主要节日圣诞节也总是在白雪皑皑的氛围中显得其乐融融。童话故事"Snow White"中纯洁美丽的白雪公主形象不但在西方人心中留下了美好的印记，而且也影响了中国的广大读者。甚至于在"white lie"一词中，虽然是谎言，但因其"white"而变成了"善意的谎言"。有100多年历史的美国总统府白宫（White House）的建造和命名也在一定程度上体现了西方人对白色的热爱。然而，白色在中国文化中总是与不幸的事相联系，影视剧作品中对葬礼的刻画总是在哀伤的音乐中伴随着铺天盖地的白幡、白幔、白花、素服和纸钱。乃至于在现代社会中，不少老年人仍然反对年轻人在喜庆的日子里穿得过于素白。而今时尚的新娘在接受西方白色婚纱的同时，也总是不会忘了给自己准备一套大红的嫁衣。

中国人的白色葬礼与西方人的黑色丧服是相对应的。在西方的葬礼上，从牧师到死者亲属，无论男女老幼，都应以黑色服饰出现，在表示悲伤、忧郁的同时也表达一种肃穆和庄重。黑色除了以上提到的特定文化内涵以外，恐怕是英汉颜色词汇中文化差异最小的一个。其普遍的贬义色彩在下列习语中可以得到印证：

black words——不吉利的话

black mail——敲诈、勒索

black sheep——败家子，害群之马

black guard——无赖，流氓

black market——黑市

black spot——常发生意外之处

black mark——行为不端、失败等的污点

（二）数目词的语用失误

语言是客观世界的反映，是一种社会和文化现象，不同语言中存在着大量看似词义相近而实际上隐含着不同社会文化内涵的词语。汉语成语中的数目词在汉语读者中形成的寓意认同性在英语读者中并不完全存在。汉语成语中的数目词，有实义的，更有虚指的，因其丰富的文化内涵而发挥奇妙的功能。它们具有习惯

性、直观性、多义性和确实性。在跨文化交际中，应让英语国家的人们懂得这些数目词，使其中的特性和文化内涵保存下来。

汉英数目词，比喻意义大多不对应，有的汉语成语中的数目词表达引申意义，而对应的英语数目词却只有实际意义，给汉英跨文化交际造成文化关联空缺。英语中许多词文化内涵丰富，在本族语读者中会产生共同的形象意义。这些词语形象受文化语境的制约。同样，汉语中的许多词语也有丰富的文化内涵，不熟悉汉语的文化就不能理解其内涵的引申意义。下面，我们就汉语成语中十以内的数目词在英语中的对应表达进行比较，以从中找出汉英数目词词语形象的共性和文化差异。

汉语成语中汉字"十"的比喻意义非常丰富，可比喻"达到顶点，足够多，全部"的状态和程度，而英语词"ten"除表示数字"10"之外，就不含什么比喻意义了。这样看来，汉语的"十"与英语的"ten"在文化形象上没有关联性。例如：十全十美（比喻完美无缺），leave nothing to be desired/satisfactory in every way；十年寒窗（形容读书人长期苦读的生活），study hard and long/grind away at studies；十拿九稳（形容办事非常准确或有把握），beyond a shadow of a doubt/unquestionable.这些汉语成语中的"十"字都是比喻足够多的状况，与真实数字意义无关。其中的"九"字也是作为衬托，与"十"呼应比喻，没有实际意义。

在某些成语中，汉语数目词如果在文化形象上与英语数目词没有关联性，如"十"字的文化意义并非"ten"，"九"字的内涵也并不是"nine"时，我们就必须脱离原文数字词汇的表达形式而集中传递原文整体的内涵意义。上面汉语成语举例中的"十"字在英语译文中只能通过"in every way, many, all kinds of, various"等多种形式表达。汉语数目词"十"所含的比喻意义"达到顶点，足够多，全部"不能由某个英语词专门对应，只好用多种英语词语来体现。

汉语成语中"三"字也有着丰富的文化意义，比喻"数量多或次数多"，如"三番五次""三令五申""三思而行""三天两头"。据统计，《辞海》中以"三"字开头的词条多达50条。这个"三"字在汉语成语中是虚指，与其所代表的数字意义无关，它的比喻意义是汉语文化所独有的。而英语词"three"除了表示"三"之外，并无表示"数量多或次数多"的比喻，所以汉语成语中"三"字的寓意在英语中再次形成文化空缺。如"something unfortunate"（三长两短），"enlist with sincerity"（三顾茅庐），"hold oneself back from saying a word"（三缄其口）。通过比较汉英表达的不同，我们可以看出汉语成语中的"三"字比喻"频繁""次数多"，虽然有的成语如"三顾茅庐"中的"三"字本源上确是三次，但后来也都变成了比喻意义。汉语中的"三"字与英语词"three"并无表达上的统一性，所以，英语中我们就无法用"three"来完成汉语数目词"三"字的对应表达，只有用"different, repeatedly, many, several, twice, two, a few"这样一些模糊词来分别表示。

一些带"五"字的汉语成语也很特殊。"五"字源于实际意义，却逐渐演变为比喻意义。如"五官端正"中的"五官"原指"口、鼻、目、耳、身"，而现在仅指面部的器官了（实有 4 个器官）。"五"的数字意义丧失后，就仅有比喻意义了，表示"全部，各种"，英语中的数字"five"没有这种比喻用法。"五"字的含义拓展到"齐全"，已非英语"five"所能概括。由于汉语成语中的"五"字与英语词"five"形成文化空缺，我们若将"五"与"five"对应表达，虽不会出太大的谬误，但无法传达原意，也必然让说英语的人费解。如"五光十色"，说成"five lights and ten colors"就完全偏离了原文含义；"五体投地"若说成"lie on the ground, head, feet and hands"。我们把下面几个带"五"字的汉语成语与英语译文对比一下，就可以发现"五"字的比喻意义在英语中呈多元化表现形式，例如："have regular features"（五官端正），"tall and sturdy"（五大三粗），"favorable weather for the crops"（五风十雨），"an abundant harvest of all crops"（五谷丰登），"multi-colored/all sorts and kinds"（五光十色），"miscellaneous/varied and well assorted"（五花八门）。以上成语中的数目词"五"字在英语中体现在"all, varied"这类词语上。

汉语"八"字在成语中也是一个比喻词，比喻"各方面"，与其数字的意义无关，与英语词"eight"也无语义对应性。由于英语词"eight"没有比喻意义，只有数字意义，故汉语成语中的"八"字与英语"eight"没有文化关联性，"八"字的寓意在英语中形成文化空缺。如"worldly sophisticated"（八面见光），"very slick and foxy"（八面玲珑），"be far short of the requirement"（八字没一撇），"seek responses far and near"（八方呼应）。上述汉语成语中的"八"字内含的比喻意义已被融合在相关的英语名词和形容词之中。

有的汉语成语中的数目词的比喻意义表面上似乎与某个英语成语中的数目词对应，但深究起来却是貌合神离。例如，汉语成语中经常有"七"与"八"的连用，嵌入名词或动词比喻"杂乱，多而无序"，英语中没有 seven 与 eight 的对应表达，却有"at sixes and sevens"，可以用来翻译"乱七八糟""七上八下"。"At sixes and sevens"能否解决汉语中的其他一些带"七"和"八"字的成语文化内涵问题呢？试比较："in a flurry/all get busy"（七手八脚），"almost dead/on the verge of death"（七死八活），"all talking in conclusion"（七嘴八舌），"scrape together"（七拼八凑），"thrown into disorder"（七零八落）。英语"at sixes and sevens"属非正式用法，意为 in disorder esp.of mind；confused or undecided。如 I am all at sixes and sevens about what to do（接下来要做什么，我心里也是七上八下。）这样看来，只有汉语中的"乱七八糟""七上八下"能够与英语的"at sixes and sevens"在文化寓意上有一致性，其他"七……八……"结构在英语的表达上依然呈文化空缺状态。

汉语成语中的有些数目词与英语中的对应数目词有一定的文化关联性,汉英可以用数目词对应表达。汉语中还有大量带"一"字的成语。这里的"一"字分两种,少部分是实义数字而大部分是比喻,意为"仅仅、单单、丝毫、迅速"等,需要我们区别对待。当汉语成语中的"一"字与数字有关联时,我们可以把"一"字译成"one 或 a";当"一"字与数字"一"联系不大时就需灵活掌握了。下列汉语成语中的"一"字有明显的数字意义,所以,"一"字在译文中由对应词"one 或 a"来表现:"one-sided story"(一面之词),"at one sitting"(一气呵成),"dismiss with a laugh"(一笑置之),"at one swoop"(一网打尽),"kill two birds with one stone"(一举两得),"give one a helping hand"(一臂之力),"have not a stitch on"(一丝不挂)。这些成语中的"一"字虽然仍有数字意义,但确切数字意义已经弱化,我们不必像说"一美元"或"一本书"中的"一"字那样必须将其说成"one dollar, a book"。因此,翻译上述汉语成语时,如果避开"一"字的数字意义,我们也能将其译成地道的英语。试比较:一面之词, partial version of statement;一气呵成, complete sth. without stopping;一笑置之, laugh off;一网打尽, completely wipeout;一举两得, do two things at once;一臂之力, be of some help;一丝不挂, in one's birthday suit/stark-naked。上面的例子表明,对"一"字的数字意义已呈弱化状态的一些汉语成语,我们不必用英语的对应词"one 或 a"来完成对等翻译。这种数字意义弱化的数目词使我们在汉英翻译时有了更大的自由度和灵活性。

第三节 语法的语用失误

英语语法研究的历史源远流长。两千多年前,亚里士多德将逻辑范畴分为实体和偶有性两大类,实体在语言中的体现就是主语,由名词充当;偶有性在语法中体现为谓语,由动词充当。在此基础上建立起印欧语语法研究的两大支柱——词类系统和句子成分系统,直到今天仍有生命力。而汉语研究的传统以音韵、文字、训诂为主,没有类似西方的语法研究,直到 1898 年《马氏文通》的诞生才揭开了汉语语法学研究的序幕。100 多年来,汉语语法学在印欧语(主要为英语)语法研究成果的影响下,逐步建立、发展并取得了相当的成就。英汉两种语言分属不同的语言谱系,在语法结构、表达方式、修辞手法等方面存在较大的差异性,致使我们在跨文化交际中很容易发生这方面的语用失误。因此,对英汉两种语言在这几个方面的差异性进行对比分析,揭示差异的表现及存在这种差异的深层原因,必将有助于我们在跨文化交际中减少和避免这方面的语用失误。

一、汉英语法结构的对比分析

（一）汉英语法结构的类型不同

从语言谱系上说，汉语属于汉藏语系，英语则属于印欧语系，二者差异很大。诚然，作为语言结构规则的语法，对不同语言来说具有普遍性（这也是汉语语法可以借鉴英语语法建立起来以及我们可以进行跨文化对比的前提），但不同语言的独特个性在语法结构中也会留下自己鲜明的印记。面对汉语语法研究难题，不少学者都在探索汉语语法研究的新路径。有摆脱英语语法纯形式分析，增加语义特征、语义指向分析的；有采用语法、语义、语用三个平面分析的；有以"话题—说明"代替"主语—谓语"的语义句法分析的；还有从认知角度进行分析的，等等。这些探索带来了汉语语法研究的新发展。我们认为，汉语语法是一种"语义型语法"，同英语的"语法型语法"相比有明显的差异性，这是我们进行汉英语法结构对比的理论基点。

1. 英语是"语法型语言"

我们知道，英语语法可以分为词法和句法两大部分。对这两部分的分析构成了英语语法的两大支柱：词类系统和句子成分系统。对于英语而言，词类系统和句子成分系统的确是其语法结构的基础。从词法上看，英语的词形不与概念意义直接联系，要区分出语素这种更小的单位。语素和语素组合成词有一定的结构规则，反映在词的形态上有曲折变化，可据此分出名、动、形、数、副、介等不同的词类，不同的词类又有不同的语法功能，可以在句子中充当相应的句子成分。从句法上看，不同的词和短语构成句子，都可以分析出它们在句中的作用和地位，主、谓、宾、定、状、补等，句子成分之间的关系体现了语法的结构规则。在英语中，词类和句子成分之间有着大致的对应关系：主语、宾语多由名词充当，谓语多由动词充当，定语多由形容词充当，状语多由副词充当，等等。从类型学角度看，英语属于SV（O）型语言，即主语—谓语型语言。任何一个句子，都有一个主语，一个谓语，也只能有一个主语，一个谓语，即使语义上找不到谓语的主语，也要在形式上造出一个"虚位"主语来。如：

It's cold here.

There is a cat in the garden.

另外，英语句子中的主语只能有一个名词，谓语只能出现一个动词。如果在主语中出现不止一个名词，谓语中不止一个动词时，就要通过词形变化的方式来调节：名词发生格变，动词或变为动名词或变为不定式，改变其原来的性质。如：

He wants to try if he can lift it up.

这样，英语语法就在句子的层面将词类和句子两大部分统一起来，其中词形的变化是一个十分重要的手段。换言之，英语语法结构是建立在词的形态变化和句子成分相互配套、主语谓语相互制约的基础之上的。不论词形变化、词类功能还是句子成分的相互制约，在英语语法中都是法定的、强制性的，所以，英语被人看作是"法治"的语言，亦即"语法型语言"。

2.汉语是"语义型语言"

与英语相比，汉语语法有自己的特殊之处。由于汉字不具备形态变化的条件，所以汉语语法基础部分有几个重要特点：

（1）汉语语法的基本单位是模糊的，汉字与"词"或"语素"之间的区分一直不甚明了。

（2）汉语语法的词法部分可以较简单，由于不具备像英语那样的形态变化，词类的分析不是真正意义上的语法分析，意义标准是重要的参数。

（3）用结构主义的观点来看汉语，其词类和句子成分之间不存在像英语那样的一一对应关系，如在主语位置上除名词之外，动词、形容词及短语也都可以出现，其他的句子成分也一样。另外，各种词类充当句子成分也是较自由的，如形容词就几乎可充当各种句子成分。与英语的谓语只能有一个动词不同，汉语经常可见若干动词连用的情况，如"他想去试试，看看能不能举起来"，几乎全是动词，形成了汉语所谓的连动式和兼语式。

（4）汉字的表意性使得汉语在表达思想时可以由思维向语言直接外化，而不必像英语那样采取间接的方式。正如英国语言学家帕默尔所说："（汉字）作为视觉符号（可以）直接表示概念，而不是通过口头的词再去表示概念。

上述特点使汉语语法成为跟英语语法不同的类型。王力曾将汉语喻为"人治"的语言，其他学者也有类似的论述。

（二）汉英语法结构的差异分析

汉英两种语言属于不同语法类型，那么其差异性就更值得关注。从上述汉语语法的几个特点出发，我们从两方面来对比一下这种差异。

1.意合与形合

从大的方面来看，汉语语法属于意合式的，英语语法属于形合式的。形合式是指语法结构以词形变化为主要规则的联结方式。英语的形合，是词与词之间的组织通过明显的形式标志来连接，句中所指定界分明，句子成分组织严密，主从句脉络清晰。通过使用连接词、时态、语态、动词不定式、现在分词、过去分词等，使之高度形式化和逻辑化。这种方式的语法关系是外显的、明确的，也是规定性的、约束力强的。丰富的形态组合手段使英语内部语义关系一目了然。下面这个常被引用的例子就充分说明了英语语法形合的特点：

【案例58】This is the cat that killed the rat that ate the malt that lay in the house that Jack built.

意合法是指语法结构以意义的联结为主要规则的方式。汉语的意合，是以意义为支点，在语法上重隐含，语言形式不是严整的、受制的，而是以意役文，以神役形。话语中词与词、句与句等语言单位的结合主要借助于语义上的关联，缺乏明显的外形标定。注重简约和经济，可要可不要的东西尽量不要，关联词语大都省略，出现大量用英语语法看来都属于特殊的句子，这种方式的语法关系是内隐性的、不太清晰的，也是灵活的、自由度较高的。如：

【案例59】一个孩子好！

【案例60】不到长城非好汉。

如果将汉英两种语言的句子互译，则更能看出意合和形合的差别。如：

【案例61】我跟过去一样。

I am what I was.

【案例62】西望夏口，东望武昌，山川相缪，郁乎苍苍。（苏轼《前赤壁赋》）

A host of gray mountains and rivers intertwined between Xia-kou in the west and Wuchang in the east.

【案例61】中的汉语词汇明确表意，英语则可依仗形态来表意。相比之下，词汇表意属于直接表现法，形态表意属于间接表现法。【案例62】中汉语句子用四个并列的分句直接意合，没有任何连词，但译成英语就必须加上不少连词、名词，动词的词形也要有相应的变化。

需要指出的是，汉语的意合和英语的形合是相对而言的，它们不是相互对立、相互排斥的，而是语法结构相互联系的两个方面，二者并非截然分开。在形合为主的英语语法中也含有意合的因素，同样，在以意合为主的汉语语法中也有形合的因素。如汉语中存在一些前辈学者所说的"广义形态"：动词、形容词的重叠，结构虚词，把字句、被字句的标志，复句中的关联词语等，可以看作汉语语法的标记性形式。例如：

【案例63】一折青山一扇屏，一湾碧水一条琴，无声诗与有声画，须在桐庐江上寻。（刘嗣绾《自钱塘至桐庐舟中杂诗》）

【案例64】我无论走到哪里，都会想起陕北高原盛开的山丹丹。

【案例63】中前两句是意合的，以名词短语直接对接，或者说省略了动词"如"；第三句则有连词"与"，标明了"无声诗"与"有声画"之间的关系不同于上面两句。【案例64】则用关联词语"无论……都"将这个复句连接起来，并标示出其中的条件关系。

虽然我们说汉英语法的意合和形合的区分是相对的，反映的是一种倾向，不必绝对化，但这种区分又是重要的。因为它的确使得两种语言的语法结构规则、语言面貌以及语法所反映的思维方式有很大的差异。

第一，汉语语义直接对接。如上所言，英语语法受性、数、格、时态等因素的严格制约，讲究形式上的接应；而汉语则可以直接以意义对接，没有词形的变化，也不需要关联词语的接应，组合自由，以至于从英语角度来看有些随便。例如："来了不吃你不对，吃了不来我的错。"这句现代饭馆的广告词包含的意思很多。从语法结构上看，两句并列，不用关联词语而直接对应。两分句内部又隐含了相应的意义关系，可以是假设关系，加进关联词语"如果……那么"；也可以是条件关系，加进关联词语"只要……就是"；还可以是因果关系，加进关联词语"既然……就"。甚至在"来了不吃""吃了不来"之中，又还有不同的意义联系。这种通过语义直接对接，不需任何形式标志辅助且含义丰富的语言现象在英语中是很难见到的。

英语语法以动词为中心，因为其形态变化集中于动词，使之形成了以动词为主轴的形合语法。而汉语却不同，词与词之间，只要意义能组合就可对接，甚至省略动词。如：

【案例65】枯藤老树昏鸦，小桥流水人家，古道西风瘦马。夕阳西下，断肠人在天涯。（马致远《天净沙·秋思》）

例中前面分句由名词直接组合，但意义清楚。特别是一连九个意象铺排而来，语义上很有张力，其内在的结构让人一点都不觉得松散，反而感到环环紧扣，密不可分，有一种特有的美感。正如闻一多先生所说："中国的文字尤其中国诗的文字，是一种紧凑非常——紧凑到了最高限度的文字。像'鸡声茅店月，人迹板桥霜'。这种句子连个形容词动词都没有了；不用说'尸位素餐'的前置词、连续词，等等。这种诗意的美，完全是靠'句法'表现出来的。"实际上，闻一多先生这里所说的"句法"便是汉语所特有的意合法。

第二，汉语的语法结构简洁。由于汉语意合法的特点，词语之间的对接较自由，就造成了汉语简洁精练的语言面貌。比如，汉语中的省略和压缩很普遍。通过词的省略和压缩，句子变得简洁并富有弹性。例如：

【案例66】政治体制改革的主要任务是：发展民主，加强法制，实行政企分开，精简机构，完善民主监督制度，维护安定团结。

这句话中省略和压缩的成分不少，如："发展民主，加强法（律）制（度），实行政（府）（职能）（和）企（业）（管理）分开，精简（政府）机构，完善民主监督（的）制度，维护安定（和）团结。"这在汉语里很普遍。当然，这种省略还与汉语的节奏有关，但正是意合法的特征使得省略和压缩有了条件。而英语中这种压缩和省略的情况几乎没有。这句话译为英语就须是：

The main tasks of political restructuring to come are to develop democracy, strengthen the legal system, separate government functions from enterprise management, streamline government organs, improve the democratic supervision system, and maintain stability and unity.

【案例 65】压缩和省略的主要是实词。相比较而言,汉语中省略关系代词、关系副词、连接代词、连接副词、并列连词、从属连词等还更常见,句中的成分关系主要靠读者意会。而这些词是英语句中各成分的连接手段,在英语造句时,须臾不能离开。试比较:

【案例 67】我一唱歌就走调。
When I sing, I sing off-key.

【案例 68】上梁不正下梁歪。
If the upper beam is not straight, the lower ones will go aslant.

【案例 69】跑了和尚跑不了庙。
The mock may run away, but the temple can't run with him.

通过上面例子的比较,可以看到由于形合和意合两种内在的结构不同,汉英语言面貌的差异是明显的。汉语短句多,长句少,结构简明,活泼灵动,蕴涵丰富;英语则长句多,结构繁复,成分间关系相互制约,内在逻辑紧密,一般不越雷池一步。如【案例 68】"This is the cat that killed the rat that ate the malt that lay in the house that Jack built"这个英语句子,四个 that 从句层层套叠,句身变长,意义叠加。如按原意译成汉语,为"这是那只吃了杰克盖的屋子里堆的麦芽的老鼠的猫"。这么长而拗口的句子,不是汉语的常形,化为两至三个短的句子,才符合汉语的习惯。

法国语言学家马丁内曾提出语言的"经济原则",即在准确完善的前提下,用尽可能简洁的语言形式表达尽可能多的语言信息。意合式的语法使得汉语在这方面尤其突出。黎锦熙早就指出:"国语用词组句,偏重心理,略于形式。"邢福义也认为:"汉语语法重于意而简于形。在结构形式的选择上,常用减法;在结构语义的容量上,则常用加法。"因而,"骑马找马""不吃白不吃,吃了也白吃"之类有丰富内涵的表达,在汉语中处处可见。

汉语意合语法的特点,不仅使其语句短小精悍,还造成了汉语特有的表达艺术。2000 多年前老子就有"信言不美,美言不信"这样充满智慧和辞趣的睿智用语。当代一些优秀的回文如"响水潭中潭水响,黄金谷里谷金黄",也是充分运用了汉语意合、精练的特点而创造的语言艺术品。

当然,我们说汉语语法结构以意合为主,并不意味着词语和句子之间可以完全随意地自由"碰撞"组合,还是要遵循相应的结构规则的。只不过这种规则对汉语来说,更多的是语义组合方面的规则,此外还有语境、文化等方面的规则。如从文化深层来看,汉语本身的特点,即"没有形式上的语法区别,抛弃了一切无用的附属装置,从而使句子跟思想的顺序密切对应",客观上为意合提供了可能;而中国人对语言使用的主观追求与传统,如孔子的"辞达而已矣",苏轼的"辞至于能达,则文不可胜用矣"等主张,也对汉语语法结构的形成、语用面貌的规定有重要而深远的影响。

2. 自然顺序与结构顺序

汉语没有形态变化,以意合为主的特点,使得语序成为语法结构中十分重要的手段。如"人民爱军队"和"军队爱人民"的区别就是通过语序排列显示的。与英语对比,汉语的语序有自己的特点,如修饰语一般都在中心语之前,定前中后、状前中后,偏正式复句中的偏句也大都置于正句之前。而英语的习惯是把修饰语特别是复杂的短语或关系从句放在中心词后面。可比较:

【案例 71】他从口袋里拿出一条红领巾。
He took out a red scarf from his pocket.

【案例 72】你和他共过一段事后就会更好地了解他的。
You'll get to know him better after you have worked together with him for some time.

对这种现象,语言学家们早就注意到了。王力说:"主从句的结构方式,大致说来,是和西方恰恰相反的:西方的主要部分在前,从属部分在后;中国的主要部分在后,从属部分在前。"这里面有什么更深刻的原因呢?近年来,美籍华人学者戴浩一对此做了很有说服力的研究。他在《时间顺序和汉语的语序》和《以认知为基础的汉语功能语法刍议》两篇论文中,提出语序结构是语言临摹现实结构的结果,而汉语语序按时间排列是"出于临摹的最好例证"。由此他提出语序的时间顺序原则:两个句法单位的相对次序决定于它们所表示的概念领域里的状态的时间顺序。被认为"这条原则抓住了汉语语序的最一般的趋势"。的确,用时间顺序原则来解释汉语的语序是有说服力的。如【案例 71】中"从口袋里"先于动作"拿",【案例 72】中"共过事"在前,"更好地了解"在后,语法的构造符合人类认知的自然顺序。而英语的语序则不尽然,如对【案例 72】中的英文句子直译,是:"你要更好地了解他,只有在和他共过一段事之后。"结果在前,条件在后,与人们认知的自然过程不相吻合。这里反映的是语言的结构顺序:英语语法中大都要求将最主要的内容放在最前面,作为重心来强调,其他关于范围、条件、原因等是次要范畴,放在后面。反映汉英两种语序差别的例子是很多的。又如:

【案例 73】我吃过饭再打电话给你。

【案例 74】我工作一结束,他就来了。

【案例 73】两个动词连用遵循时间的自然顺序,不能说成"再打电话给你我吃过饭";【案例 74】两分句间的语序也按时间顺序,在汉语里说成"他就来了,我工作一结束"是不对的。而在英语里,上面两句完全可用这种语序:

【案例 73】I will call you after finishing the dinner.

【案例 74】He came over as soon as we finished the work.

又如前文的提到的例(6)和例(8),在古代诗词里也遵循着这种时间的自然顺序：先是描写相关的景致，然后点出主题，即诗眼"桐庐江上寻"和词眼"断肠人在天涯"。

汉英两种语言的语序反映自然顺序和结构顺序的情况，还有一个重要的差异，这就是对汉语来说，还存在"整体先于部分的原则"。戴浩一说："汉语里有一条把整体放在部分前面的总的线性排列原则。最明显的例子是地址：中国，湖南，长沙，五一路，九十九号。"相比之下，英语的地址则是倒过来，由小到大。

整体先于部分的原则也体现在两种语言的语法结构中。如：

【案例75】他们每个人都为自己是最快最好的班组的一员而骄傲。

Each expressed enormous pride in being a part of the fast, best team.

【案例75】中英文句子直译是："他们每个人深感骄傲的是自己是其中的一员——最快最好的班组中的一员。"先强调自我，然后才是范围，按由小至大的顺序排列。而汉语是先强调集体、范围，然后才是个人，是先整体后部分的排列方式。在汉语中，这种语序的出现频率是很高的。如欧阳修《醉翁亭记》：

环滁皆山也。其西南诸峰，林壑优美。望之蔚然而深秀者，琅琊也。右行六七里，渐闻水声潺潺而泻出于两峰之间者，酿泉也。峰回路转，有亭翼然临于泉上者，醉翁亭也。

先是总貌"环滁皆山"，再是琅琊、酿泉和醉翁亭，与人们视觉所见的顺序是一致的。这种语序是对现实的临摹，很好地反映了以汉语为母语的人的认知过程。

二、汉英表达方式的对比分析

表达方式是语言中已形成定势的、优化了的有效表现方式，经长期约定俗成，比一般的表达形式有更强的社会交际功能，有较高的可接受性。汉英两种语言都有不少这种定势和优化的表达方式。不过我们的分析主要着眼于在跨文化语用中有价值的、能反映不同文化内涵的一些表达方式，并不追求描写的全面、系统。

汉英语言在表达方式上形成鲜明对比的是句式。其短句与长句、整句与散句、主动句与被动句、动态句与静态句的两两对应，是语用中很值得注意的差异现象。

（一）短句与长句

汉英语言在句式上首先的差别就是汉语短句多，英语长句多。先看两组例子：

【案例76】且说鸳鸯一夜没睡，至次日，他哥哥回贾母，接他家去逛逛，贾母允了，叫他家去。（《红楼梦》）

【案例77】It is a truth universally acknowledged that a single man in possession of a good fortune must be in want of a wife.

这两例分别选自汉英名著，前一例是汉语中常见的话题—说明型结构，话题是"鸳鸯"，后面一系列分句都围绕话题来展开说明。这些说明都是用短小精悍的短句来表达的，形成了汉语典型的流水句。如果要译成英语，就得在结构上作不少调整。翻译如下：

That night Faithful was unable to sleep. Her brother came next morning to ask Grandmother Jia if he could take his sister back home for the day. His request was granted, and Grandmother Jia ordered Faithful to get ready.

汉语的一个句子变成了三个主语—谓语相对应的句子，还增加了相应的连接词等。译文符合英语的语法结构和表达习惯，但汉语的一气呵成的连贯性、统一的话题等就发生了变化。

后一例是《傲慢与偏见》中的，这是一个长句，用"it"的虚拟主语将主谓语移位。如要译成汉语，需要变成短句才符合汉语习惯，用同位复指将长句化短，把英语中那严谨的结构拆卸成几块，这实际上正反映了汉英两种语言各自的表达风格。

汉语短句多的主要原因是：没有形态变化；词语组合以意合法为主，不需要关联词语；中心词常常不带复杂的修饰成分，等等。更重要的是，汉语语法结构的话题—说明框架，按人类认知的自然顺序和事物内在的逻辑关系排列，自先而后，很容易形成活泼短小、结构简单、自然流畅的"流水句"。据有关研究，汉语句子的最佳长度为7~12个字。在一些名家如老舍的作品中，这种典型表达随处可见。如：

【案例78】拿钱呢，你走你的；不拿，好，天桥见。(《骆驼祥子》)

【案例79】七块钱，扛枪，打裹腿，站门，我干了三年多。(《我这一辈子》)

英语长句格局的主要原因为：结构以形合法为主，表示关系和连接的各种手段丰富；中心词可以有很长的修饰成分；主语—谓语框架的结构要求词的形态变化相互配合，前后呼应；各种从句发达，而且从句还可包含从句；句式扩展机制是向句尾延伸，可不断附加成分，等等。再以前文所举例子为例：

【案例80】This is the cat that killed the rat that ate the malt that lay in the house that Jack built.

像这种句子，在汉语中简直不可思议。要翻译成汉语较难："这是那只猫，猫吃了老鼠，老鼠吃了麦芽，麦芽放在屋里，屋子是杰克盖的"，与原句意思总觉得有所区别。据研究，英语句子平均长度在20~25个词，比汉语句子长得多。这种表达方式的差异正如王力所说："西洋人做文章把语言化零为整，中国人做文章几乎可以说是化整为零。"

（二）整句与散句

汉语的表达很重视结构对称、均衡，从词语的双音节、四字格到句式的对偶、排比，都是人们喜闻乐见的，由此形成其特有的表达方式。反映在句式上，就是结构整齐、均衡对称的整句特别多。如：

【案例 81】他嘴里一时甜言蜜语，一时有天没日，疯疯傻傻。（《红楼梦》）

英语的相应表达是：He can be all sweet words one minute and ranting and raving the next. 变成一个散句。

相对地，英语也有类似的平行结构，如：

【案例 82】Nothing ventured, nothing gained.（不入虎穴，焉得虎子。）

但是英语的平行结构从量上看，远不如汉语普遍；从质上看，由于音节的关系，英语达到真正的平行和均衡是很难的。尤其是汉语中常用的四字格，英语基本上难以对应译成相似的结构。如：

【案例 83】近朱者赤，近墨者黑。

Association with the good can only produce good, with the wicked, evil.

像李清照的名句"寻寻觅觅，冷冷清清，凄凄惨惨戚戚"就更难找到完美的表达方式了。较好的翻译如下：

I seek but seek in vain,

I search and search again,

I feel so sad, so drear,

So lonely, without cheer.

更进一步，汉语还常将结构对称的句子铺排形成特有的对偶和排比方式，这已成为汉语常见的修辞方式。如：

【案例 84】横眉冷对千夫指，俯首甘为孺子牛。（鲁迅《集外集·自嘲》）

这两个句子是汉语典型的对偶和排比句，如果要用英语表达，只能改为长短不一的散句：

【案例 84】Fierce-browed, I coolly defy a thousand pointing fingers; head-bowed, hike a willing ox I serve the youngsters.

汉语爱用整句有几个原因：一是与汉语的语音节奏有关。汉语的词汇在历史发展中由单音节为主走上双音节化的道路，一个重要的因素便是为了语音节奏的平衡，"偶语易安，奇字难适"。二是与汉语语法结构的意合化有关。这种性质使得汉语组词成句十分自由，为结构均衡的整句形成提供了条件。三是与中国人的思维和心理有关。中国传统哲学认为"一阴一阳谓之道"，阴阳相对和相生为贯穿于世间万事万物的根本规律，对人们的思维和心理都产生了深刻的影响。反映在表达方式上，也就有了追求对称并列和对偶排比的倾向，为了达到这一点，甚至在表达上不惜多次重复同样的词语。

（三）主动句与被动句

汉英语言在句式上的另一个不同是对主动句和被动句的使用倾向和偏好上。汉语大量出现的是主动句式，而英语多用被动式的句子。试比较：

【案例85】困难克服了，工作完成了，问题也解决了。

【案例86】The difficulties have been overcome, the work has been finished and the problem solved.

【案例87】John actually loved Mary and was loved in return.

【案例88】约翰真的爱玛丽，而玛丽也爱约翰。

【案例86】是用英语对例【案例85】的翻译，【案例88】是用汉语对【案例87】的翻译，可以清楚地看出汉英之间的差别。应该说，汉语中也有"被动句"的类别，如出现"被、为、叫、让、给"等词的句子："阿Q被人揪住了黄辫子。""庄稼让大水冲跑了。"但在很多方面，与英语的被动式有较大不同。首先是出现频率上，汉语的被动结构句很少，不少意念上的被动并不需要甚至不能用被动句来表达，如："电话已经打了。"就不能说成"电话已经被打了"。其次是汉语的被动句所反映的内容与英语有区别：①传统的被动句必须是有"遭逢""亏欠"义的。如："他们的房子被人占了。"当然，现在这种限制正在逐渐消失。②一些典型的"被动句"却可以不表被动。如："老张被他的太太哭得没了主意。"③汉语的被动意义可以用其他句式表现。可以转换成汉语另一种特殊的句式"把字句"："敌人的阴谋被我们揭穿了"转换成"我们把敌人的阴谋揭穿了"。也可用其他句式替换，如"……的是……"式：不说"我是由一位教授推荐的"，而说成"推荐我的是一位教授"。这在英语里就必须是一个被动句：I was recommended by a professor.

汉英语言在主动和被动句式上的差别反映了两种语言的一些内在特点。英语是形态语言，讲究主语—谓语结构的互相呼应，很多时候需用虚拟主语来保证结构的完整性，因此，就有不少句子变成被动式。汉语不注重形态和形式，讲究意合，结构也更适宜在话题—说明的框架中分析，故出现不少所谓的"施事主语"句，这正是英语的被动句。

（四）动态句与静态句

汉英语言的句式对比，还有一个十分明显的差异：在词类的使用频率上，汉语中动词占优势，而英语则是名词（代词）占优势。我们可通过一个诗句的对译发现汉英句式在这方面的差异：

【案例89】春眠不觉晓，处处闻啼鸟。（孟浩然《春晓》）

In spring we sleep a sleep that knows no dawn,

And everywhere the songs of birds resound.

汉语的 10 个词中名词只占了两个（春、鸟），而动词占了 5 个（眠、觉、晓、闻、啼）；英语的译文也有 10 个主要实词，其中名词（代词）有 6 个（spring, we, sleep, dawn, songs, birds），而动词只有 3 个（sleep, knows, resound）。对于这种不同，学者称为"动词优势"倾向和"名词优势"倾向。它们在一定程度上反映了两种语言表达的状态与效果：汉语的句子具有活泼灵动，强烈的动态特征；英语的句子具有静态描写周全，迂回曲折的特征。

汉语的动词优势最集中的体现是，句中的名词可以省略，但动词常常不可省，而且还经常不止一个动词，形成所谓的"连动式"和"兼语式"，如：

【案例 90】他怀着一线希望去找朋友打听消息。

【案例 91】我去叫他们派一个会计到这儿来帮你们算账吧。

动词的重叠和重复使用，也使句子的动感加强，如：

【案例 92】我们谈到自己，谈到前途，谈到旅程，谈到天气，谈到彼此的情况——谈到一切，只是不谈我们的男女主人。

此外，动词性短语在句中的功能很多，很灵活，可以出现在各种位置，充当多种句子成分。如：

【案例 93】解决问题的最好办法是进行调查研究。

英语的名词优势最集中的体现是，由于结构的组合需要形式上的约束，一个句子只能出现一个动词，多余的动词要在句中被"名词化"，或被变为动名词，或保持动词的不定式，暂时取消其动词的性质。如对上面的【案例 93】，在英语中就要变成：

The best way to solve the problem is to conduct investigations.

"解决问题"和"进行调查研究"两个动词短语必须成为动词不定式，才符合英语语法。其他句子也都一样，如【案例 92】译成英语为：

We talked of ourselves, of our prospects, of the journey, of the weather, of each other—of everything but our host and hostess.

重复的动词连用变成了名词的重复连用。

英语静态句占优势的原因还有其他情况。如介词的大量使用、常用动词（如 be, have, become, grow, feel, go, come, get, do 等）的弱化使得句子的动感消失，以及经常的名词连用来代替动词或形容词，等等。

需要说明的是，以上进行的汉英句式的对比，是从总的倾向上而言的，不能将其绝对化，如不能说汉语的句式格局就是短句、整句、主动句和动态句，而英语就是相反。作为同样高度发达的汉英两种语言，都是有丰富的内容和复杂的现象的。比如，汉语句中词类出现频率以动词为主，这是一般倾向，但有时也会出现纯名词句的表达，如马致远著名的《天净沙·秋思》："枯藤老树昏鸦，小桥流水人家，古道西风瘦马。夕阳西下，断肠人在天涯。"前三句9个名词并列，没有一个动词或形容词，似乎不合汉语的语法和语义规则，但这是作家的艺术表现手法，并列名词的意象相互联系和补充，在这个特定的上下文语境中，语义之间得到最大限度的张扬。这也是语用所允许的、提倡的创造性。因而，从总的方面把握汉英两种语言的种种差别，对减少和避免语用失误是必要的、重要的。

（五）迂回表达法的差异

汉英都有一套相应的迂回、间接表达的方式。反映在词汇层面，是委婉语、禁忌语系统；反映在句子层面，是各有相应的表达方式；反映在篇章层面，也存在相对应的模式。两种语言有同有异，体现了二者的共性和个性相统一。

从词汇层面看，汉英两种语言都有发达的委婉语和禁忌语系统，这较多地体现了"同"的一面。如对"死"这种自然规律，汉英都有一系列的词汇来代称，既是委婉的需要，也有禁忌的色彩。汉语有"去世、辞世、逝世、谢世、弃世、亡故、病故、故去、作古、寿终、牺牲、阵亡、殉职、捐躯、百年、归寂、坐化、与世长辞、寿终正寝、驾鹤西去、心脏停止跳动"等；英语也有"go, depart, pass away, breathe one's last, sleep with one's fathers, join the great majority, pay the debt of nature, be with God, go to glory, go to a better world, sleep the final sleep, cross the Great Divide, depart from the world forever, go to the way of all flesh"等。对一些共同的现象，如对人体生理缺陷、人体排泄功能、性行为等，两种语言都有同样的委婉或禁忌倾向，语用心理基本一致。不过也有一些不同之处，如在英语里，委婉语的使用面似乎更宽。职业、官场、政治等方面的迂回说法比汉语要多，如把空袭叫作"air support"（空中增援），把入侵叫作"rescue mission"（营救使命），把经济萧条叫作"rolling readjustment"（周期性重新调整）等。当然，汉语这些方面的委婉语也开始多了起来，如出现了"待业青年"等词语。在禁忌语方面，除了共性的骂人话和英语的"四字母词"以外，汉语对尊长名讳的禁忌则是英语中没有的。如汉代开国皇帝叫刘邦，故在汉代，凡出现"邦"字处都要避之，改用同义互训的"国"字代替；唐代为避李世民的名讳，将"世"改为"代"，"民"改为"人"或"户"后世的官府机构"户部"就由此时的"民部"改变而来。在这方面，英语的传统正好相反：尊长者的名字通常是后人命名的一条途径，而这也是出于对长者的尊敬。同样的文化理由，在不同语言的表层会有不同的体现。

在句子层面，最值得注意的是英语在结构上有一系列表示迂回含蓄的方式，大致有以下几种类型：

第一，用"间接肯定"——弱式的双重否定式来表示肯定，如：

【案例94】He didn't half like that girl.（他非常喜欢那姑娘。）

第二，用"委婉否定"使口气变得温和而留有余地，如：

【案例95】I do not think the Council can or should remain indifferent to these most serious violations of human rights.（我认为，安理会不能也不应对这些极其严重的侵犯人权的行为袖手旁观。）

第三，用肯定形式表达否定的意义，含而不露，如：

【案例96】Tell your old story to someone who believes it.（把你这套老话讲给相信它的人去听吧。）

第四，婉转的暗示表达间接的意义，耐人寻味，如：

【案例97】You are late for the last time.（这是你最后一次迟到了。）

这些迂回式的表达，都使语言带上含蓄曲折的意味，【案例94】的双重否定反而使肯定的意味更强烈；【案例95】以否定主观看法来代替所要表达的客观事实，显得缓和而不生硬；【案例96】的表达比说出实际意思"我才不相信你这套老话呢"要缓和得多；【案例97】也隐含了"你被解雇了"的意思，但这种表达不露声色，又有强烈的暗示性。

相比之下，英语这些丰富的表达方式在汉语中的对应情况有所不同，有时在词汇上能显示相应的意义，如"未尝不可""不无遗憾""好不容易""差点没……"，有时用某些句式来表达否定意义，如：

【案例98】请再耐心些！

【案例99】请按顺序上车！

用表请求的祈使句式表示否定的意义，【案例98】预设听话者不耐心，【案例99】表示说话者对上车的混乱秩序不满。又如：

【案例100】你们真有用！两个大人竟让一个小孩子跑掉了。

【案例101】好个王厂长！厂里有什么，家里有什么！

这是用感叹句表示否定的意义，含有明显的讽刺意味。特别是【案例100】的"好（一）个"，常用作反语，表示对某人的不满。

在篇章层面，汉英两种语言的迂回表达也有不同的结构方式，一般地说，汉语遵循时间顺序原则，叙说事件由远而近，娓娓道来；英语则相反，在结构上讲究开门见山，主题先行。请看下面例子：

【案例102】秋天，无论在什么地方的秋天，总是好的；可是，啊，北国的秋，却特别地来得清，来得静，来得悲凉。我的不远千里，要从杭州赶上青岛，更要从青岛赶上北平来的理由，也不过想饱尝一尝这"秋"，这故都的秋味。（郁达夫《故都的秋天》）

Autumn is always pleasant no matter where it is. But autumn in the North is especially clear, especially serene, especially pathetic in its coolness. It was for no other purpose than to savor this autumn to the full, the taste of autumn in the old capital, that I went to the trouble of journeying, a thousand li, from Hangzhou to Qingdao, and thence to Beiping.

比较中能看出,两种语言的句型结构和重心大不一样,汉语第一句把秋天的"好"这个重心放在句尾,而英语译文在第一句一开始就点出重心"Autumn is always pleasant",接着才补充"no matter"。第三句英汉句都比较长,但汉语句仍保持其特点,把重心放在句末;而翻译的处理方法仍是先说结果,再叙经过,和原文的语序完全不同。不难看出,汉英在语言表达上所展现的布局是:汉语惯于先把主题部分任意铺排,最后再点出话语的中心,英语则把要点放在句首,然后再补充。汉语是重心在后,头大尾小,英语则是重心在前,头短尾长。这种在篇章层面的迂回表达方式,与上述句子层面汉语和英语似乎正相反:汉语含蓄而英语直白。因而有人说,对比汉英的篇章结构可看到汉语属于"读者责任型",要求读者在阅读过程中自己体会揣摩作者的写作意图;英语则属"作者责任型",作者必须把内容推理过程表现得很清楚,使读者一看就懂。对英美人来说,汉语通常的"开篇说明—历史回顾—现状解释—道德鞭策"的模式只会令他们觉得缺乏逻辑,前后不连贯,目的不明确,没有结尾。同样,中国人对英美人写作的"开门见山、三段推论"的标准推导方法也可能觉得古板、枯燥和缺乏想象力。

三、汉英修辞手法的对比分析

修辞是一门古老的学问。作为高度发达的汉英两种语言,都有丰富的修辞手法,而且在构成方式上也体现了相当的共性特征。胡曙中的《英汉修辞比较研究》一书就列出18组修辞方式加以对照。从跨文化角度看,有许多修辞手法如委婉、对偶、排比等很有价值,在前文已有所涉及。这里我们只以比喻的修辞手法为例进行对比。

比喻是人类语言中最能体现共性的,迄今为止,还没发现哪种语言里出现比喻这种表现手法的缺失。从人类的认知顺序来看,总是先有对事物实体的感知、了解,产生相应的词语,再有对事物总体的认识,产生相应的抽象词语,形成概念,然后是出现将相关词语连接起来的关联词语,以形成命题和推理。这是人类认知的一般规律。而比喻的主要方式是用一词语对另一词语进行类比或暗示,这种类比多使用具体的、形象的词语来描述抽象的事物,使人产生相应的联想、推理,对所描述的事物能有更形象或更清晰的了解,进而达到更深刻的认知。刘勰说:"夫比之为义,取类不常,或喻于声,或喻于貌,或拟于心,或譬于事。"因而各种语言都会有比喻这种修辞手法。现代认知科学很重视比喻,将其视为人类认知的主要手段之一。正如奎恩所说:"那种认为语言的用法主体上是拘泥于字面意义的而在次要方面才是比喻性的观点是错误的。比喻,或类似的东西,既主宰着语言的发展,又支配着语言的习得。"

比喻又是人类语言中最能反映文化差异性的。同样的事物在不同的文化中会有不同的认知视角和认知结果，体现在语言层面，就会有不同的含义。作为语言最常见的一种现象，比喻毫无疑问地会有同样的差异。"如果我们承认语言在最大的概念意义上是文化的一面明镜，那么，也应当承认文化的大多数层面会通过词语、句式和比喻表现在语言中。"霍克斯的这段话将比喻和词语、句式并举，正是看到了比喻的重要性和比喻的文化差异性。下面从两方面谈谈这种差异性。

（一）同样的事物比喻不同的意象

语言可以反映世间的万事万物，万事万物也都可以在比喻中体现。由于文化的不同，汉英两种语言在取譬方式上，常出现一种现象：同样的客观事物，在两种语言中被用来比喻不同的意象。狗在汉英语言中的不同含义已在前文论及，其他常见的动物，如鼠（mouse），在汉语里常用来比喻胆小和短视，有胆小如鼠、鼠目寸光；而英语里的鼠被喻为穷，有"as poor as a church mouse"，因为教堂是说教和做弥撒的地方，不存放任何食物。又如蝙蝠（bat），汉英两种语言用作不同的喻体。汉语常把它作为吉祥幸福的象征，取其语音上的"蝠"与"福"同音联想；而英语则相反，将其比作丑陋的"吸血鬼"，还有"crazy as a bat"（疯如蝙蝠），"as blind as a bat"（有眼无珠），"have bats in the belfry"（异想天开）之类的比喻，都是含义不怎么好的。植物方面的设喻也一样，如柳（willow）在汉语中常喻为挽留、离别和思念之义，如："昔我往矣，杨柳依依；今我来思，雨雪霏霏。"（《诗经》）"秦楼月，年年柳色，灞陵伤别。"（李白《忆秦娥》）这既与汉语的"柳"与"留"谐音有关，又同汉文化传统相联系。而在英语中"willow"却没有这种含义，常作为悲哀和失去心仪之人的比喻。

不仅动植物的比喻，其他常见事物也有同样的情况。如鞋（shoe）在汉语中常见的比喻有"破鞋""穿小鞋"等含义；英语中却用它比作其他意思，有"comfortable as an old shoe"（令人轻松愉快、容易与之共事的），"fill dead men's shoes"（继承死者的遗产），"to lick sb's shoes"（巴结、讨好）等。汉语帽子有特定的比喻义，如"大帽子、扣帽子"以及"绿帽子"；英语中的"cap"则常用作另外的意象，如"cap in hand"（恭敬地、卑躬屈膝地），"to pull caps"（口角、扭打），"to throw one's cap over the wind mill"（冒身败名裂的危险）。颜色的比喻用法，汉英语言也有较多的不同，前文已详细论及，此处不再重复。

（二）同样的意象用不同的喻体

汉英语言使用比喻还有一种值得比较之处：对于同一意象，采用不同的事物来比喻。同是比喻事物的迅速发展和大量涌现，汉语为"雨后春笋"的比喻，英语则是"just like mushrooms"（像蘑菇一样众多）；比喻隐秘的事实真相泄露出来，汉语是"露马脚"，英语是"let the cat out of the bag"（袋中露出了猫）；比喻恩将仇报的坏人，汉语以中山狼为喻体——"子系中山狼，得志便猖狂"；英语以蛇为喻体，如英语："Put a snake in your bosom and it will sting when it is warm"。英语的"snake"还有"冷酷阴险的人"之义，如"a snake in the grass"（暗敌，隐患），这也是汉语中所没有的意象。又如比喻爱情，汉语多以自然物、动植物为喻体，有"花好月圆""并蒂花开""在天愿为比翼鸟，在地愿为连理枝"等，频率最高的是鸳鸯，因其双宿双飞，相生相伴。而在英语中，用来比喻爱情的事物面广得多，据有关统计，英语中以货币、音乐，甚至表抽象概念的事物作爱情喻体的，约占51%。这说明在选用喻体方面，英语要比汉语更丰富、更多样化。甚至在其文化中一些有不好联想意义的事物包括猫头鹰、老鼠、蛇等都可作为爱情的喻体。如乔治·桑的《奥拉斯》："新生的爱情像蛇一样，有着奇异的生命力，被斩成几段之后，又能靠自身的力量使各段重新聚成一体。"即使是最令人忌讳的死，也可作为爱情的喻体。如："这种浑然一体的情谊就会证明它是一种唯一的像死一样坚强有力的爱情。"（哈代《远离尘嚣》）这种选取喻体的方式，主要着眼于相似性。用蛇的"奇异生命力"、死的"坚强有力"——它的手可以搂住任何人，使你无法逃脱，区别仅是或迟或早而已，来比喻爱情，显然在某一点上合乎情理。

不同的喻体来比喻相同的意象，是同汉英两种语言背后的种种因素相关的。如用"春笋"和"蘑菇"分别为喻体，同中国、英国的地理环境有关。"露马脚"与"袋中露出猫"的比喻，是源自不同的传说：汉语中传说的麒麟是一种吉祥的动物，有时马会披着麒麟皮来冒充，最终却因露出马脚而暴露了真相。而英语比喻的来源是，传说旧时纽约州的农民把猪装在袋子里卖，因猫的成本更低廉，便常用猫代替猪。买主如不打开袋子就容易上当。但有时不小心让猫从袋子中露出来，真相就暴露无遗。至于对爱情的比喻，中国人多取其成双成对的特点，反映了"好事成双"的文化心理，英语则更多地从爱情与喻体的各种角度的相似点出发，反映其注重现实的心理特征。

还可以从其他方面分析汉英语言比喻意象的差异性。其中文化渊源是重要的因素，如汉语用"中山狼"喻忘恩负义者，是从战国时的寓言故事而来：赵简子在中山打猎，射中一只狼，中箭负伤的狼逃跑途中遇到了东郭先生，向他求救。东郭先生怜悯，将狼藏在袋中，骗过赵简子后放狼出来。这时狼却恩将仇报，要吃东郭先生。幸亏过路的老农相助打死了狼，才救了东郭。而同样的意象，英语以蛇为喻也是有文化渊源的，《伊索寓言》中有著名的"农夫和蛇"的故事：一条蛇被冻僵，奄奄一息。被一农夫看见，将它抱在怀里使其温暖。可蛇苏醒过来后，反咬了恩人一口。蛇的阴险冷酷的意象则来自圣经《旧约·创世纪》，说亚当和夏娃是受了蛇的引诱，吃了智慧果才被上帝逐出伊甸园的，诸如此类的例子还有很多。

第五章　跨文化视角下社会语用交流失误

第一节　汉英语用策略的差异

所谓"语用策略",指的是主体在语用交际中为了达到一定的目的和意图,适应相关的语境而采取的相应的策略。它是从积极的角度帮助人们进行成功语用交际的有效手段和措施,是从人们千百次语用实践中抽象出来的、具有相当涵盖面的社会语用规范与对策。世界上任何一种文化传统的社会,都有一套赖以存在、发展、维系和延续的约定俗成的规则。交际中有不少语用规则和语用策略也是这种约定俗成的规则,如问候、寒暄、称呼、恭维等,它们大都形成了规约化的表达方式,我们将在后面对此做详细分析。前文我们已经论及,语用的最高原则是得体,也可以说语用失误是语用者违反了得体原则所产生的后果。语用失误往往是说话人不自觉地违反了人际规范、社会规约,或者不合时间、空间,不看对象,不顾交际双方的身份、地位等,违背目的语特有的文化价值观念,使交际行为中断或失败,使语言交际遇到障碍,导致交际不能取得预期效果或达到完满的交际效果所造成的。可见,语用失误与跨文化交际中双方对说话是否得体的不同理解相关,与双方的表达方式和协调方式存在差异相关。

一、汉英得体策略的差异

"得体"是语用研究中的一个重要概念,最早由海姆斯提出。在论述"交际能力"时,海姆斯提到"什么时候,什么场合,讲什么话,对谁讲以及怎样讲"等属于得体性规则。我们这里谈的"得体"不限于语用规则的层面,而是将其作为语用主体即交际双方主动控制的语用策略。因为事实上所谓得体不仅是对规则被动地遵循,更是主体在交际中的主动控制和选择。我国学者钱冠连甚至认为:"言语得体是一个带全局性的语用策略。"

汉英的语用与其文化背景相关,因而所表现的对得体的理解在很多方面是有差异的。这里列举一些主要表现:

在"说什么"方面,汉英的得体有不同的标准。如汉语里人们的相互交谈常涉及有关收入、婚姻、家庭、年龄等话题,这体现了中国文化的传统伦理道德观,是对交谈对象的关心,对社会的认同,是很得体的。但这些话题在英美国家却是属于个人隐私范畴,交际中应设法回避。甚至以下的表述都被视为不得体的:

You haven't changed much.

You have recently put on weight.

这些句子带有明显的汉文化的心理特征,以关心对方的外表变化来表示关切之情。但在英美人看来,这两句话皆有侵犯他人隐私之嫌,属于不得体的话语。

另一个鲜明的对比是,英美国家的人对年轻女性的称赞似乎司空见惯,是得体的语用策略之一。而在中国,许多情况下直接称赞一个年轻女性则是不得体的,甚至当面称赞某人妻子也是不得体的。如曹禺的《日出》:

胡四:我昨儿个在马路上又瞧见你的媳妇了。(低声对着他的耳朵)你的媳妇长得真不错。

李石清:(一向与胡四这样惯了的,现在无法和他正颜厉色,尴尬地)岂有此理!岂有此理!

在"说多少"方面,汉英文化传统形成了"意会"和"言传"两种差别,因而也产生了相应的语用策略。汉文化属于高语境文化,英文化则属于低语境文化。在高语境文化的汉语语用中,交际讲究"察言观色""意在言外"和"心有灵犀""心领神会"。人们不习惯用语言辩论,设法回避言辞角逐,常常在充分认识别人的基础上才与其进一步交流。而英美国家的人则相反,通常把语言作为认识他人的手段,他们充分相信言辞的力量,喜欢直言快语甚至夸夸其谈。这是由其低语境文化所决定的。这种健谈的策略有时让其他民族人难以忍受,而英美人则多对中国人借助不言自明的话语来蕴藉意义感到迷惑不解。这是在言辞"量"上的得体与否。

在言辞的"质"方面,汉英也有不同的得体策略。格赖斯的会话含义理论有"不讲假话"的质的原则,对英语来说有较大的解释力和约束力,由此也形成相应的语用策略。但在汉语中,不遵守质的原则的现象经常可以见到。比如,明明是用精心烹制的很可口的饭菜招待客人,却要说"味道不好";本来做了充分的发言准备,却要说"准备不够,浪费大家的时间";别人请吃饭,饿着肚子也要说"吃过了",非要让人再三请几遍才会坐下来。这些策略在汉语中是得体的,但在英语中就可能不得体了。

下面再以一些实例来进一步说明:

【案例103】Ladies and gentlemen, I'm delighted to introduce to you a very pretty girl, Miss Brown. She is a very good teacher from the USA.

这是某学校负责人在欢迎一位美籍教师的会议上用英语作的讲话,实际情况是布朗女士听了这番话后显出了难堪、不高兴的表情。尽管这位校领导讲话时没有犯英语语法错误,但讲得并不得体。他把美籍女教师布朗女士说成是一位 pretty girl 这一点,足以使当事人对他产生反感了:按照欧美的文化,成年女子是不愿意被别人称为"girl"的。她们宁愿被称呼为"woman"。在当事人"Miss Brown"看来,别人称自己为"girl"是说自己幼稚、不成熟。此外,pretty 和 good 的用法也不妥。中国人介绍来宾,总是喜欢使用褒扬词语以表敬意,并博取对方的欢心;但西方人则认为,初次相识不宜使用过于主观的言辞。这时,如果说话人客观地介绍来宾的身份、学历、技术专长等会更得体些。这个例子中最失败的地方是主人对客人(特别是女客人)的外貌作了主观的评价。

【案例104】著名物理学大师霍金到浙江大学参加国际数学大会,在杭州期间受到各界的热烈欢迎。所到之处,总受到人们的热情围观。但也许他本人并不习惯这种欢迎的方式,在将要离开杭州之时,他在一个场合借助语音合成器表示:

When in Rome do as the Romans do. When in China do as the Romans do, that is a mixed metaphor. Wherever I go, I have a crowd. I'm not famous.

霍金的话是较为直率的,这是英美国家里得体的策略。他对中国人围观式的欢迎不习惯、不认同,便通过言语表达出来,虽然他本人因生理重疾不能自主发声,但还是要通过语音合成器将意思转达。这说明,从小在某种文化中浸润的人,不论生理是否健全,也不论多么著名,其语用的策略总是受其文化的制约。

【案例105】主席先生、国际奥委会的委员们,无论你们今天做出什么样的选择都将创造历史,但是只有一种决定有改变历史的力量。

选择北京你们将在奥运会历史上第一次将奥运会带到拥有世界上五分之一人口的国家,让十多亿人民有机会用他们的创造力和奉献精神为奥林匹克服务。

如果举办2008年奥运会的荣誉能够授予北京,我可以向你们保证,北京将让你们为今天的决定而自豪。

这是时任国际奥委会副主席的何振梁在为北京申办2008年奥运会所做的最后陈述词。这番陈词为北京申奥成功所起的作用是十分直接的,而且在现场的效果非常好。据报载,都灵冬奥会副主席,同时也是国际奥委会委员,竟然大喊"BRAVO"(意大利语中的喝彩之义)。她说自己实在是情不自禁地喊出来的。何振梁后来透露:"第一句话是美国人起草的,但在后来几次讨论中,有人提出意见要删掉,我说不能删。我坚持这个开头要保留,结尾用了我自己的话:'7年后的北京,将让你们为今天的决定而自豪'。"无疑,这段陈词是得体的。首先,它体现了对国际奥委会及各位委员的尊重,第一句话之所以不能删就是这个道理;其次,它反映了中国作为泱泱大国的气度与能力;再次,它充分表达了中国的文化传统和民族精神:责任、诚信、奉献和一诺千金。更值得提出的是,这段话在语用层面上真正做到了"与国际接轨"——中国传统的"贬己尊人"式的自谦已为平等、和谐与竞争等现代价值观所取代。这可以作为跨文化语用交际中一个成功的典范。

二、汉英方式策略的差异

语用是有目的的行为，为了达到相应的目的，人们可以采用多种表达方式。从跨文化比较的角度看，汉英两种语用最主要的差异就在于方式上的间接与直接的倾向。

一般地说，以汉语为母语的人在语用表达方式上多体现出间接、含蓄和迂回的特点，而英美国家的人则多表现为直截了当、直言快语的特点。这种差异的背后是与两种语言不同的文化传统和由此产生的思维习惯相关的。著名的跨文化交际研究学者萨姆瓦说过："对于非西方语言的研究给我们提供了对作用该语言的文化的洞察力。例如，听人讲"pardon me"（原谅我），我们通常回答"surely"（肯定），"certainly"（确实）或"of course"（当然），但中国人却回答"not at all"（没什么）。我们知道要原谅的是什么事，同时也就原谅了。中国人讲话是比较含蓄迂回的，他们甚至不愿承认有什么过错值得提出要原谅的。这两个都是礼尚往来时作用的例子，所不同的只是各用自己的文化所给定的方式而已。"我国学者徐通锵也说："西方的哲学以'假设的概念'为出发点，从而发展出数学和数理推理，用演绎推理的方法来论证，使用的语言严密而明确；而中国的哲学以'直觉的概念'为出发点，不表示任何演绎推理的概念，因而使用的语言富于暗示，言简意赅。"

（一）汉英间接和直接表达方式差异的主要表现

汉英间接和直接方式的差异表现在许多方面。比如，汉语里不太习惯在言语上与人形成直接的冲突，碰到不便马上回答的问题，常用"研究研究""考虑考虑"做间接的缓和，即使内心是拒绝也常采用这种间接的方式，针锋相对的论辩是很少见的。而对英美国家人来说，这种回答意味着所提要求很可能会被满足。当遇到观点相左时，中国人不愿意明确地表达自己的不同意见，而是通过间接方式来表现，或遵循一定的论证模式：先描述某一个具体事件，然后是回顾其历史由来，解释目前采取的措施，最后是展望和道德性劝诫，并以此来达到相应的目的。在这过程中希望对方听懂自己的暗示并体会出来。事实上，汉语高语境文化的特点也的确让人能通过语境的补充来理解相关的暗示，这样既保存了面子，又不伤感情。美国人则相反，喜欢"就事论事"，将分歧摆上桌面讨论争辩，以便统一认识。由于方式上的差异，汉英跨文化交际时易产生冲突。

下面两个例子就是很好的对比：

【案例106】A: Are you a Party member?

B: No, I'm not.

A: Why did your government allow you to leave China if you are not a Party member?

B: That might be true during the Cultural Revolution, but definitely not now.

【案例107】甲：那个事你那个好了没有？

乙：那个事不容易那个。

甲：不管好那个不好那个，你无论如何要那个。

乙：我尽量那个，不过现在办事少不了那个。

甲：你要多少那个我给你多少，不舍得那个还能那个？

【案例106】中A的问话咄咄逼人，是典型的英美国家语用方式，对于作为中国人的B来说，这是不易接受的。【案例107】的这段文字中只有一个中心语词"那个"，但意义十分丰富，甲乙二人绕了一大圈，好似在打哑谜。到底说什么，需要结合具体语境和语用主体才可明确，而这种表述让英美人听来就会一头雾水。

通过汉英两种语言中表示爱情和求婚的语言对比，可以更好地看出这种表达方式的差异性。汉民族是一个含蓄、深沉的民族，人们在示爱时，多用含蓄的方式来表达。如通过"给你做饭""一辈子给你洗衣服""我们的关系能不能比朋友更进一步"等句子表达。尽管它们表层形式不同，但深层意思相同，都是间接含蓄的方式。而西方民族则常用"我爱你""我嫁给你吧"这种直白的表达方式。

如中英的爱情名篇《梁山伯与祝英台》《罗密欧与朱丽叶》的爱情对话有明显的差异。在罗密欧与朱丽叶的对话中用了27个"I love you"，梁祝的对话中则用了12个"想"字而没有"爱"字。据说有一次电影《梁祝》在国外演出，使馆人员专门把故事梗概译成外文，放映前又请人做介绍。电影结束后问外国客人看懂了没有。他们说，看懂了，但看得很累。十八里相送，祝英台用那么多的暗示来表达爱情，多累呀，为什么就不直接说一声"I love you"呢？而且他们还将其与故事发生在同时代的《傲慢与偏见》进行对比，说伊丽莎白和达西的外露的表达方式才是好的。这说明，汉英的间接与直接的表述方式的确深深地扎根于各自的文化沃土之中。

需要指出的是，我们所讨论的汉英间接与直接方式的差异，是指一般的倾向，并非绝对化的。无论在何种语言中，直接与间接的表达总是共存并用的。如在中国，人们相互之间关于婚姻、年龄、收入等隐私的询问大多直来直去，不加掩饰，而这些在英美国家是需要保护的，即使问起也只能以含蓄的方式回答。除此之外，英美国家也还有其他间接表达的情况。如：

【案例108】A: Would you like to go picnicking with us?

B: My son is ill.

【案例109】A: Let's go to the movies tonight.

B: I have to study for an exam.

（二）汉英方式策略不同的成因分析

汉英方式策略的差异是有深刻的原因的。首先，文化传统的折射。西方人追求独立意识的文化传统决定了在交际过程中追求言语行为的个性自由，使得思想表达过程直截了当、不加掩饰。而对于受集体主义精神和礼教思想等传统影响的中国人，人际交往中的和谐超过了对个人利益的满足，亲情观念、认同趋势和与之并存的等级观念等使中国人在言语行为上的间接迂回策略成为首选。

其次，思维方式的不同。对西方文化有深远影响的逻辑学导致西方人形成了一种线性思维方式。一旦确定文章或谈话的主题，求证的过程多为单刀直入。文采的展露往往主要依靠明晰的逻辑思路、犀利而直落的分析手法来实现。这种思维方式对日常的语用交际影响至深，英美人士在言谈中表达自己思想时的直率正源于此。有人将美国人的思维模式比作"桥式"，讲话人组织思想的方式是为了明白直接地把自己的意思传达给对方，犹如一座桥，听者和读者只要顺着他的思路的桥，自然就会明白他的意思。与之不同的是，中国古代文化中兴盛不衰、源远流长的不是逻辑学，而是修辞学。古代早期的汉语所提倡的文风也是一种直线思维，讲究思路要一语中的，分析精辟，直指要害。但是汉代以来，文章的铺设、修饰日渐风行。修辞形式上表现出以迂回曲折为美的情趣，"文似看山不喜平"成为一种衡量文采的标准和思维的方式，至今仍然深刻地影响着汉语日常的语用交际。这种思维方式可以喻为"垫脚石式"，讲话人在表达自己的意思时，不是直截了当，而喜欢层层铺垫，犹如在水洼中投下一块块的垫脚石，让读者东跳西跳，借助各种暗示和语境补充去悟出作者的意图。

第二节 礼貌语的语用失误

讲礼貌是人类的一种普遍的生活准则和行为方式。"礼貌语"是人际交往中的一种最常见的用语。它既是人际交往的基本内容之一，又是人们相互之间沟通的中介和桥梁。然而，礼貌语的使用同样需要注意不同文化之间的差异性。如对不同文化的差异性了解不够和把握不当，便容易导致跨文化交际中的社会语用失误。在社会交往中，礼貌是促进人际关系，进行沟通与交流的一个不可缺少的因素，所以，虽然语用失误现象会出现在方方面面，礼貌却是制约语用的关键。

礼貌准则是指那些制约言语行为的礼貌规范。每个国家都有自己的社会习惯、行为准则和社会方式，通过对比与分析，我们可以找出中英礼貌准则的异同。中国是文明古国、礼仪之邦，中国式的礼貌有着悠久的历史渊源。顾曰国先生在《礼貌·语用与文化》一文中归纳了五个礼貌准则：①自卑而尊人与贬己尊人准则；②上下有义，贵贱有分，长幼有等与称呼准则；③彬彬有礼与文雅准则；

④"脸""面子"与求同准则；⑤有德者必有言与德、言、行准则。五个准则互相渗透，互为制约，其中贬己尊人是中国式礼貌的突出准则。

英国语言学家李驰根据英国文化的特点列举了六条礼貌原则：①策略准则（Tact Maxim）。尽量减少他人付出的代价，尽量增大对他人的益处。②慷慨准则（Generosity Maxim）。尽量减少对自己的益处，尽量增大自己付出的代价。③赞扬准则（Approbation Maxim）。尽量缩小对他人的批评，尽量增强对他人的赞扬。④谦虚准则（Modesty Maxim）。尽量缩小对自己的标榜，尽量夸大对自己的批评。⑤赞同准则（Agreement Maxim）。尽量缩小与他人的不同意见，尽量夸大与他人的相同意见。⑥同情准则（Sympathy Maxim）。尽量缩小对他人的厌恶，尽量扩大对他人的同情。由此可见，英、汉语言的礼貌准则有许多相似之处，但是不同的语言有各自不同的文化背景、衡量标准与表现方式。科学地分析、对比中英礼貌准则的差异，有助于我们减少和避免在礼貌语方面的语用失误。

一、"自卑而尊人"与贬己尊人准则

我国是一个文明古国，人们讲求礼貌，在互相往来的时候，不仅要互敬互爱、彬彬有礼，而且常常使用敬辞与谦辞来表示互相尊重。敬辞用来褒扬对方或与对方有关的人、事物或行为，以表示恭敬；谦辞用来贬抑自己或与自己有关的人，以示谦虚。家庭亲友之间称谓的敬称与谦称就是一个典型的例子。敬称多用于称呼对方亲属。在与别人谈话或写信中称对方的亲属，常使用"令""尊""贤"等字，以表示对别人亲属的尊敬。"令"字是个敬辞，表示美好的意思，如称对方的父母为"令尊""令堂"。"尊"字与"贤"字也都是敬辞，但在用法上与"令"字有差别。"尊"字只限于对方的长辈或年长者，对平辈则用"贤"字。如"尊父""尊大人""贤兄""贤妹"。但在称呼对方的配偶时，"尊""贤"二字通用，既可称其妻为"尊夫人"，也可称其为"贤内助"。谦称，通常用于在别人面前称自己或自己的亲属。向别人称自己的长辈或年长的亲属，多在称谓前冠以"家"字，以示谦虚。谦称自己的平辈或晚辈亲属时，常加"舍"字，如"舍弟、舍妹、舍侄"；称自己的子女及其配偶，则冠以"小"字，如"小女、小婿"等。这类敬辞与谦辞反映了中国人比较独特的人际态度，可以说贬己尊人准则最富中国文化特色。在交际中，中国人重视对别人讲究尊重，对自己讲究谦逊，如果违背了这种贬己尊人的礼貌原则，就会出现语用失误。

例如，当我们问一位老大爷的年龄时，如果说："老大爷，你几岁了？"无论这问话的语气如何客气、礼貌、诚恳，这种方式都违反了汉语的礼貌原则，缺少应有的敬辞。一般应该是："老人家，您今年高寿？"

当人们受到夸奖或祝贺时，汉语中常常用"哪里、哪里""过奖、过奖""惭愧、惭愧"来应答，表示被夸奖人的谦虚。但如果在英语交际中用"You flatter me""I feel ashamed"等作答就非常不得体，违反了英语的礼貌原则，是一种语用失误。"Thank you"是英语中最常用的答语。

中国人听到赞美词时，往往是先否定对方的赞扬，再贬低自己一番，以示自谦。而西方人会因自己的话被断然否定而感到对方不礼貌。所以，在英语交际中，过分的自谦反而会引起误解，因为西方文化中没有贬己尊人的礼貌原则。如：

A: Your skirt is really lovely.

B: No, no, it's just a very ordinary skirt.

显然，此对话没有达到完满的交际效果，B是按照汉语的习惯来回答别人的称赞。

二、"上下有义，贵贱有分，长幼有等"与称呼准则

关于称谓语方面的语用失误，将在下文详细论述，这里只作简单地分析。我国古代思想家、教育家孔子的思想核心是"仁"与"礼"的相互渗透和融合。他主张"爱人"，即一切人的互爱，同时又主张"非礼勿视，非礼勿听，非礼勿言，非礼勿动"由此可见，孔子"仁"的思想又是受"礼"制严格约束的，缺"仁"则不"礼"，不"礼"则不"仁"。欲达到"仁"与"礼"的要求，做到以礼待人，称呼语起着重要的作用。西方人对汉语的称呼语总是感到束手无策。布朗（Rager Brown）和福特（Marguerite Ford）把美国英语中的称呼形式划分为三类，即相互称名；相互称职衔、姓；一方称名，另一方称职衔、姓。一般来说，朋友、熟人之间相互称名，生人或只是一般认识的人之间相互称职衔、姓，但有时这种界线不太分明，美国人很可能在很短时间内称呼关系就会发生变化。然而，汉语称呼语就复杂得多。

在英语国家里，小辈可直呼长辈的名，如果学生与老师关系密切，也可直呼其名。在中国则不然，中国人向来有尊老的美德，"上下有义，长幼有等"，称呼语就反映了汉民族的传统化观念，祖先与长辈的名字绝对不能直呼不讳，甚至给孩子起名也要特别注意不要与长辈之名同字同音。中国有着"一日为师，终身为父"的说法，师生关系无论如何好，也不能直呼其名，否则就违背了礼貌原则。

汉语中的行政职务名称无论大小都可作为称呼语，而职业、职称名称却不同，我们常常这样讲："医生（或大夫），我今天不舒服。""教授，这是我们的论文计划。""王会计，款凑齐了吗？"这些称呼合乎礼貌的准则，使人际交流更和谐。然而，如果我们这样称呼"司机，今天我们去大厦""清洁工，你早啊""理发员，你什么时候有空"就显得无礼，对别人不尊重。虽然职业无贵贱之分，但有些职业可作称呼语，有些职业却不适合直接作称呼语，如果称之为"司机师傅""小王""工人师傅"等就合乎礼貌准则了。

称呼语是个敏感、开放的词汇系统。称呼语的变化常常能反映出人们之间相互关系、情绪、情感的微妙变化。如不了解汉语文化，就很难觉察到下列对话的内涵。

一位教师与系主任在谈论调课事宜：

李老师：老王，你还是把我周六的课调一下吧。

王主任：不行啊，课程表一旦排好就很难调动了。

李老师：王主任你要考虑到别人的实际困难。

王主任：可你也要全盘考虑问题呀！

李老师：主任同志，不要来这一套！

这位教师的情绪用不同的称呼语生动地表现了出来，称呼语的有意改变，改变了他与对方的亲疏关系，拉开了距离。

三、"彬彬有礼"与文雅准则

文雅准则即选用雅言，禁用秽语，多用委婉语，少用直言。一个人的礼貌语言、举止，会显示出他的教养与修养，如果有些词语和概念令人不快，最好换一种婉转的说法；有些词语因传统习惯或社会风俗不同会引起对方的误解或反感，这样的也应避免使用。在语言方面犯忌和在文化方面犯忌一样，会显得唐突无礼，令人生厌，在这一点上英、汉文化基本上是相同的。

为避免说话粗鲁无礼，汉语常用一些措辞谦和的委婉语，如请人批评称"指教"，求人谅解讲"包涵"，托人办事称"拜托"，反对别人的意见说成"请再斟酌"，等等。然而，委婉语的文化内涵是千差万别的。拿"老"字为例，美国人怕老，就千方百计忌讳"old"一词，常借用其他的词来委婉地表示"老年"这一概念，如"home for adults"（养老院），"an adult community"（老人区），"senior citizen"（资深公民），"Elder Hostel"（老人团），等等。而中国文化提倡尊重老人的传统美德，老人们不惧老，社会也不忌讳"老"字，人们反而爱用"老"表示尊敬与爱戴，如"您老""刘老""老先生"等。在许多情况下，"老"字常常委婉地表示资深历练、有威望的意思。"老师傅""老板""老总""老革命""老干部""老同志""老教授"，这些词是对老人的尊称，显得亲切、文雅有礼。

另外，人们在日常交往中经常会遇到某些场合需要双方做出礼貌的反应，如问候、告别、道谢、致歉、恭维、婉拒等。这类言语行为通常有约定俗成的表达方式，文化不同表达方式也不同，因此要做到"彬彬有礼"，达到预期的交际效果，必须了解文化差异，了解特定习俗的语言形式以及它们所使用的特定语境，避免出现语用失误。如：

A: You have got a nice coat.

B: Thank you, my sister bought it for me in Beijing. Do you like it?
A: Oh, yes. It looks fine and I appreciate the pretty color.
B: Well, if you really like it, I will ask my sister to buy one for you.

对话中 A 恭维 B 的衣服只是为了表示友好或借此引起谈话，而 B 却误认为 A 也想买一件同样的衣服，结果弄得 A 很尴尬，谈话难以再进行下去。在汉语中一般不用"我喜欢你的……"来恭维对方拥有的东西，以免令人感觉谈话人有垂涎三尺之嫌。

再如，"道歉"的功能是补救某种无礼的言行，进而恢复双方的融洽关系。如何道歉、怎样接受道歉是言语礼貌的一个重要组成部分。在汉语里，接受别人的道歉经常说"没关系"，但在英语里，"It doesn't matter"是不能用来表示接受道歉的，而应说"That's all right""That's OK"或"No problem"。当自己的工作受到别人的称赞与欣赏时，汉语也常用"没什么""没关系"来表示谦虚，英语却不能说"Never mind"，因为"Never mind"是用于对方表示道歉而自己不予介意的场合，是来安慰对方表示礼貌的习语。

第三节　称谓语的语用失误

称谓词语是语言交际中不可或缺的组成部分，在许多情况下称谓是传递给对方的第一个信息。不同的称谓，反映了交际双方的角色身份、社会地位、亲疏关系和情感好恶等。言语交际所要表达的许多意义，往往不必通过语句，而是通过称谓就可明白无误地表达出来。世界上任何一个民族都有自己的称谓系统。由于不同的文化背景，各民族称谓词语的数量和指称的范围各有特色。中国文化传统"重名分，讲人伦"的封建伦理观念，与西方社会"人为本，名为用"的价值观念，使得中西方在称谓系统上存在着明显的差异。

一、亲属称谓语

亲属称谓是在以血缘关系为基础的亲属之间的相互称呼。它是以本人为中心确定亲属与本人关系的标志，是由历代婚姻关系中男女双方亲族的排列次序所构成的。其排列次序形成各国亲族关系相应的习俗。亲属称谓把有亲属关系的人组织成不同种类的群体，任何社会中称呼亲属的方式要么以继嗣为基础，要么以家庭为核心。

中国的封建社会是一个宗法等级泾渭分明的社会。封建时代人们往往聚族而居，同宗同姓的人们长期聚集在一起。这使得人们的宗法观念、亲属观念根深蒂固，亲属称谓繁多复杂。老少长幼、正支旁系、血亲姻亲分得清清楚楚。封建的宗法、家庭、伦理观念必然反映在家庭、亲戚的称谓关系上。因此，汉语中就有着丰富的称谓词语。为指称明确，亲属间称谓词语不仅数量众多，而且语义明晰。中国封建社会非常重视宗族亲属关系，因此，有着严格区分亲属关系的称谓词语。无论哪一方面的社会交际，都必须严格遵循亲属称谓的规定。不论是婚丧嫁娶，还是分家继承遗产，以至一人犯罪株连九族，都要严格按这种亲属的等级关系来办理。现在，封建社会虽早已解体，亲属的称谓也简化了，但亲属称谓系统依然存在。

而英美等英语国家，虽在历史上也曾有过外延家庭的结构模式，但进入工业社会后，这种大家庭数量急剧减少，甚至逐渐消失，取而代之的是核心家庭。家庭规模小，家庭成员少，亲属关系简单，因此，英语亲属称谓词语系统也就相对简单：（外）祖父母辈的只有"grandfather/grandmother, greatuncle/greataunt"；父母辈的只有"father, mother, uncle, aunt, father in-law, mother in-law"；兄弟姐妹只有"brother, sister"；堂（表）兄弟姐妹的只有"cousin"一个词；子女辈的只有"son, daughter, daughter-in-law, son-in-law"；外甥（侄子）只有"nephew"和"niece"；孙子辈的只有"grandson, granddaughter"。

任何一种语言都有自己的亲属关系秩序，都有自己对家庭伦理的语言分割。汉语亲属称谓不强调核心家庭，而强调以父系为核心的家庭等级关系。长辈（在长辈中以父系为尊）、平辈（以男性为尊，自古"长兄为父"）、晚辈的称谓语十分烦琐。这些烦琐的称谓处处表现出上下尊卑长幼有序的观念，家庭亲属的亲疏辈分代表着权利和义务的不同。所以任何一个亲属称谓语都明确地显示出"所称"的性别、在家庭中的地位。这样，家庭成员便会恪守其名分以维系家庭、家族的和谐与稳定。同时，汉语亲属称谓语在用于一般称谓时还很有讲究，对一般男性称叔叔而不能叫舅舅，而对一般女性则称阿姨，而不叫姑姑。

中国传统文化十分看重"名分"，名正则言顺，言顺则理直。中国传统文化中亲属的称谓上也反映出名分。汉语称谓中还常用数字表示排行，如"大哥""二弟""三姨""四姑"等，以表示辈分和长幼。

英美等英语国家的亲属称谓与汉族人的亲属称谓相反，这是西方国家"以个人为本位"的社会心理和以个人为中心实现自我的价值取向造成的。这与中国人从整体的存在中实现自我的价值取向大相径庭。英语称谓系统中的大写"I"就证明了这一点。英语的亲属称谓系统中，第二代血亲没有专用的称谓，只是分别用"grand"冠在"father/mother"和"son/daughter"前加以类分。"grandfather, grandmother, grandson, granddaughter"完全不区分父系和母系的称谓，强调了男女平等，承认遗传和继承的重要性同时来自父母双方，而不是来自父方，充分体现了英语国家亲属称谓系统对于父系和母系的同等重视。

英语称谓中"uncle"是对父系的"伯（叔）父"和母系的"舅（姨）父"等男性亲属称谓，"aunt"是对父系的"姑母"和母系的"姨母"等女性也一样。对于"表哥、表弟、表姐、表妹、堂哥、堂弟、堂姐、堂妹",八个称谓语则用一个"cousin"统称。"father-in-law, mother-in-law, sister-in-law, brother-in-law, daughter-in-law, son-in-law"中的 in-law 意为"法律关系中确立的"它所显示的不是人际关系,而是法律关系。

有些英语国家血统亲缘观念较为淡薄,与其简单的家庭结构有关。西方国家的绝大多数家庭是由两代人所组成的小家庭(nuclear family)或称核心家庭,儿女成人后也会远离父母组成新的小家庭。这与中国的"父母在,不远游""家大业大"的观念不同。对讲英语的国家的人们来说,没有必要区别亲属称谓中的直系、旁系、父系、母系,也不必分清男女。英语亲属称谓表现出亲属关系都是对等的。

二、社会交际称谓语

亲属称谓本来只是用于有亲属关系的人们之间,然而在汉语中往往将其扩大用于非亲属的人际交往,这种现象被称为"亲属称谓的社会化"。这种现象由来已久,在当今社会依然普遍存在。为了表示礼节和亲切,人们常借用亲属的称谓来称呼对方。例如,邻里乡亲之间,虽然没有亲属或亲戚关系,但人们总是按性别和年龄,分别称呼对方为"大叔、大伯、奶奶、大婶、大妈、大哥、大姐"等。互不相识的人可以称兄道弟,熟悉的年轻人更是彼此称呼"哥们儿""姐们儿"小孩在称呼对方时往往在对方的名字后加上一个亲属的称谓,如"大山叔、平哥、丽姐"等。这些都是亲属称谓社会化的表现。这种语言现象体现了中国人重血缘亲属关系的传统观念,与西方社会的习俗有很大不同。英、美家庭的小孩一般不会以"uncle"或"aunt"等称呼父母的挚友或来访者。

在不同的语言中,某些具有相同意义的词语,由于受社会文化的影响,会有不同的语用意义。例如,汉语中的奶奶同英语中的"granny"在语言意义方面是相同的,而在语用意义上却存在差异。在中国,对年龄大的妇女称"奶奶",表示尊敬,但在英语国家,如用英语对某位老妇人称"granny"则会引起对方的反感。因为在英语文化中,"granny"这类称呼语与显示老年人"精力、体力、能力下降"这一意义联系在一起。

每个民族的社会称谓语都源于传统文化。英语中常用"Sir, Mister, Miss, Madam"称呼陌生人。其中"Sir"最为常用,"Madam"多用来称呼上了岁数的妇人。"Miss"则多用来称呼年轻的女性。"Sir"与"Madam"都含有尊敬、客气的意思。实际上,英语中最常用的礼貌说法是"Excuse me"用来引起对方的注意,而不使用具体称呼。

英语中有不受拘束的亲切的称呼,如直呼其名。如称"David Thompson"为"David"或"Dave"。直呼名字的称呼方式在英语国家中应用极为广泛,尤其是在同学、同辈人或同事之间。英语国家的许多人自从相识起,就以名字直接称呼对方。不过有些人并不喜欢唐突地被人以名字来称呼，尤其在当某人认为自己和对方不属于同一阶层或社会地位的情况下，因此，为了避免出现语用失误，不妨事先问一声。在以英语为母语的国家，使用"surname"（姓）直呼对方是不礼貌的，除非是为了确认对方的身份，如点名或久别重逢后召唤对方等情况。不过在指称中，这种情况频繁出现，尤其在媒体评论中更是如此。如指称一些体育明星、政界要人、知名作家，以体现较为客观或中立的立场。没有名气或初次亮相的人物，在介绍姓名之后，也频繁使用直呼"surname"的形式。

社会称谓是相对于亲属称谓而言的，它反映了人们在社会交往过程中的相互关系。心理学家认为，人们对别人怎样称呼自己十分看重。称呼得当能使双方产生相容心理，感情就较融洽，谈话就比较畅通，称呼语就产生了积极的作用。这一点不论是英语还是汉语都是一样的。

中国经历了长期的封建社会，形成了传统的封建伦理观念，其中就包括重等级、官本位等传统的思想观念意识。由于等级观念根深蒂固，社会关系的官本位观念在称呼语中就十分明显。在历史进程中，中国官本位形成森严的等级制度，在古代很多人惧怕"当官的"。所谓"官大一级压死人"，表现在称谓上，就是存在着数不清的官衔、级别衔。从君主到庶民，从高级官员到芝麻大的小官吏，几乎都有官衔称谓，并以用官衔称呼对方为尊敬。官（职）衔称谓体现了人与人之间的等级关系，也反映出人们所处的社会地位。尽管中华人民共和国成立以后，"同志"一词广泛得到使用，但事实上对领导人采用职务称谓的情况从来就没有断过。如经理、厂长、书记，此类称呼人们早已习以为常。

汉语中几乎所有的官职都可移作称谓，如担任领导职务者被称作"某主任""某书记""某经理"。随着经济体制的改革，新型企业的建立，总经理、总裁、董事长、总监之类的称谓也纷纷亮相。英语中的官衔称谓限制性很强，一般不用作称呼。社会活动中有限的职衔多用于皇室、政界和军界（如 President, General, Prince 等）。美国的各类单位机构虽然庞杂，但官衔称谓词并不多，"chief"和"director"是两个使用最为宽泛的称谓词。在当面称呼自己上司的时候，可用社会称谓通称"Sir, Madam"来表达。称呼自己的同事或者其他部门的官员时可用社会称谓通称"Mr., Mrs."来表达。在汉语中，各种行政职务前可加上姓来称呼，英语中却没有这种用法，多用"Mr.""Mrs.""Miss"加上"surname"的方法来称呼对方（包括上下级的关系）。

第四节 招呼语的语用失误

"招呼"一词在《现代汉语词典》中的一个义项为："用语言或动作表示问

候。"汉语中招呼、问候和寒暄的界定似乎较含混。语言学者有的用招呼语,也有的用见面语。本书所说的招呼语包括问候语和寒暄语。英语里"greeting"一个词就涵盖了汉语的三个词:招呼、问候、寒暄。英文词典对"greeting"(招呼)的解释是:"a form of words or action used on meeting someone"(与人相遇时使用的言语或行为)。招呼语"greetings"是两人见面相互致意的话,即两人相遇,为表示礼貌常说一些纯粹礼仪性的话,以维系正常的社交关系或增进友谊。这些话有一定的格式,有时并无实在的含义。汉英两种语言都有自己的招呼语系统,为减少和避免在跨文化交际中的语用失误,有必要对汉英两种语言招呼语系统的差异进行分析。

一、英汉招呼语的格式比较

英汉招呼语均有一定的格式和说法,下面是两种招呼语的格式比较:

(一) 称谓词 + 问候语

这种形式英汉都较常见。英语一般是问候语在前,称谓词在后,如:"Hi, Bob!""Good morning, Mr. John."汉语多数情况是称谓在前,客套话在后,如:"大伯,上哪儿去?""郭老,锻炼身体啊?"这可能与民族文化心理有关。中国人很重视说话双方的地位、身份,称谓词往往可以表达这一功能。汉语称谓词的复杂程度,英语是无法比拟的,打招呼时往往首先要用对称谓词,然后才说各种各样的问候语。英美人不太重视对方的头衔职位,强调相互平等,故在招呼语中把称谓词置后,似乎问候语显得更为重要。间或也有例外,有时需以称谓词先引起对方注意,然后再用问候语,如:"Mr. Miller, how are you?"这含有没想到在这里见到对方之意。

(二) 只用问候语

这种格式英汉都普遍,如英美人说:"Morning!""Hi!""Hello!"中国人说:"买东西啊?""早啊!"等。英语中,向陌生人询问信息时常用"Excuse me"作为引出话题的过渡,以示礼貌,这时不用称谓。汉语情形迥然不同,首先要用称谓,然后才是问话,如:"老兄,请问……"营业员、侍者等服务性行业人员向顾客打招呼时,英美人可一律说"Can I help you?""What can I do for you?"等套语。中国人却要分场合区别对待,如商店营业员对顾客可以说"请问要什么?"打印室工作人员常说"要打印是吗?"等。

(三) 只用称谓词

英语一般没有这种格式的招呼语。中国人在一些特殊场合只用称谓词打招呼,特别是用头衔、职位名称称呼对方显得很尊敬,例如在学校里可看到这样的情景：几个学生忽然遇见某老师，学生们尊敬地叫了声"某老师"就算是打招呼了。学生们简单的一声称呼已经充分表达了对教师的敬意。西方人一般不这样称呼别人，在非正式场合，教师或领导都愿意他们的学生或下属直呼其名，以示关系亲密或地位平等。但有些亚裔美国人特别是印度后裔美国人不喜欢下属雇员直呼其名，而希望称"Mr.""Miss"等。

二、汉英招呼策略的差异

我们主要讨论汉英问候和寒暄策略的差异。根据西方学者的研究，问候所遵循的是对等原则，交际双方互致问候，有来有往，形成"问候—问候"的话语交际模式。问候的涵盖面很广，一般来说，除了同陌生人初次谈话时可不用这种策略之外，问候出现在各种交际场合。汉英语言都有自己相应的问候语系统，而且，在文化的制约之下已高度程式化，即都采用为数甚少、相当简练的一些语言形式。汉语传统的问候语多为"吃了吗？""上哪儿去呀？"这种话语已抽象为规约性的意义，不能按字面意思理解。而英语的问候语多为"How are you?""Good morning."同样是高度规约化的意义。这里体现的语用策略差异是：汉语关心对方"做什么"，英语关心对方"怎么样"。很难对这两种策略进行孰优孰劣的评价，因为它们都深深植根于各自民族文化的沃土之中。值得注意的是汉英问候语的对译问题。大致地说，英语问候语译为汉语时都注意到其规约化意义："你好""你早"，而不是按字面意思翻译。但汉语的"吃了吗""上哪儿去呀"在跨文化语用时常常按原意使用，也就是说，我们在用英语交际时常常按本族语的习惯向英美人问候："Have you eaten?""Where are you going?"结果让英美国家的人误解为看不起他，或干涉其隐私。这是一种语用的负迁移和不对等的现象。

汉英问候策略的另一差异是：在英语中问候是相互的，在语言表层能得到反映，既有问候也有应答。而操汉语的人对别人的问候却可以采取语言上不予回应的策略，只点头招手、微笑示意或含糊地"嗯"一声即可。我国留学生曾有这样的经历：刚到美国时，能严格按照其语用规范向人问候，但接下来的几周，因为跟同事们渐渐熟起来，就按中国的习惯，每天早上见面用招手或微笑以示问候。可过不了几天，就得到美方导师的忠告："In America you have to verbalize everything."（在美国一切都得靠"说"出来）因为不这样同事会觉得你要么是不舒服，要么是对对方有意见。

同问候语一样，寒暄语也是高度规约化的。汉语的寒暄语多关心对方的个人或家庭情况，如关于年龄、婚姻、收入等。这种寒暄策略在汉文化中是恰当的，也很自然，体现了问话者的关心，并融洽了二者的关系。但在英语里，寒暄的内容通常是评论和预测天气状况等非个人话题，如"It's a fine day, isn't it?"

"Quite a storm last night."体现了另一种策略。如果对英美国家的人像对中国人一样寒暄，话题涉及个人的种种情况，是很不得体的。这里的区别为：汉语的寒暄策略受传统文化的影响，从群体的角度显示对个人的关心，"四海之内皆兄弟"，而英语的寒暄策略则着眼于对人之外事物的关注，显示出对个人隐私的尊重与保护。

另一方面，英美国家的人寒暄的话题有时也难为中国人所接受。有人曾谈起在美国进修时同一位老太太聊天的情景：话题的中心是一只名为"Biggie"（大块头）的狗怎么可爱，怎么通人情，怎么用不同的声音来表达不同的需要，怎么保护它的主人……由于对这话题实在没兴趣，这位中国学生几次试图改换话题都是徒劳。如"How are your two sons doing at college"老太太轻描淡写地回一句"They are doing well"，又回到狗的话题上。半个小时后，这位中国学生只得找个借口出去，才中止了这次关于"狗"话题的寒暄。

三、英汉招呼语的内容比较

汉语招呼语内容较具体，随意性强，而英语往往是泛泛而谈。

（一）谈吃饭

"民以食为天"，中国人重视吃饭，吃饭是经常性的话题，一般在吃饭时间前后打招呼，说："吃了吗？"如果回答说"吃了"，还可以进一步问"吃的什么好菜"，等等。英语国家中则不这样打招呼，问别人吃饭没有，含有邀请对方吃饭之意。

（二）谈天气

英语这类招呼语比汉语普遍得多，谈天气成为英美人一张嘴就有的招呼语，如："It is a lovely day, isn't it?"英国终年受西风带的影响，大西洋吹来的潮湿气流使得天气反复无常，很难揣摩，就连天气预报也经常出差错，因此，老百姓最关心的就是天气了。再者，谈天气可以避免谈政治、宗教等话题。中国人有时也谈天气，但不如英美普遍，且句式多为陈述句、感叹句，如："真热啊！""今天天气真好。"等。尽管汉语招呼语说到天气的为数不少，但中国人用天气作为招呼的话题，或是因为天气出现了一定程度的反常，如太热、太冷、太阴湿、太干燥、太闷等，或是因为交际对象对天气有一定的外显反应，如打哆嗦、穿得过多、直淌汗等。也就是说天气特点很明显。另外，中国人谈论天气时，有不少是关于交际人对天气的主观感受的，如今天天气很舒服，今天天气很难过，等等。

（三）谈近况

英汉都有问候对方身体状况或近况的招呼语。英美人往往泛泛而谈，不涉及隐私，常用"How are you""How's everything going"等客套语表示一种分别一段时间后的问候。汉语这种招呼语可以详细询问对方的近况，好像问得越细越具体，越能显示对对方的关心。

（四）谈家庭

中国人见面打招呼有人问及家庭的情况，西方人也不例外，但中国人喜欢涉及隐私，如有无孩子、婚姻状况、收入多少等问题，西方人只是笼统地问一下对方亲人的情况，否则显得不礼貌，回答也是不具体的。

（五）谈时间

英美人打招呼时可以说"Good morning/afternoon/evening"，而中国人一般在早晨问候"早"。中国人重早起，勤劳，汉语有"一年之计在于春，一日之计在于晨"的谚语。谁有早起的习惯，谁就会被看成是勤劳的表现，是别人学习的楷模，故早晨见面（一般在正式上班前）要说声"早啊！"以示称赞，久而久之就自然形成了一种常见的早晨招呼语。

（六）不谈具体内容

这种情况英语较多，使用频率高的有语气词"hi""hey""hallo""hullo"等，以及引出话题的过渡招呼语"Excuse me""What Can I do for you""Can/May I help you"等。汉语这类招呼语相对较少，常见的只有语气词"嗨""哈罗""哈依"等，而且这些招呼语有人认为是受英语影响所致。

英汉招呼语相互影响，汉语受英语影响较多。英语中的"Long time no see"，有人认为是从汉语借来的，已经为英美人士所普遍接受。随着全球化的趋势，近年来中国人受西方生活习惯的影响越来越大，招呼语也在不断变化，许多人开始用简洁的英语"hi""hey"等来打招呼，并且更希望保留自己的隐私。虽然英汉招呼语有互相接近的倾向，但它们的差异仍然存在，今后也不可能完全消除。

第五节　委婉语的语用失误

委婉语最重要的特征就在于运用比较抽象的概念或用比喻、褒义化的手法，使谈话双方都能采用柔和间接的方式来谈论不宜直说的事，而且帮助谈话者克服谈论某些事物时的心理障碍，冲淡或排除各种不愉快的联想。汉语委婉语历史源远流长，人类最早的委婉语是对神祇的婉称和对人的称谓敬辞。英语中委婉语的出现可以追溯到1066年诺曼人征服英国时起，当时使用委婉语主要是因为被征服者——盎格鲁·撒克逊人惯常使用的语言受到贬损，被认为粗俗而不堪入耳，当地上层阶级为了避"粗俗之嫌"开始使用许多"文雅的"源于拉丁语的词语，这些词语逐渐被融入英语词汇中。现代英语中的委婉语涉及的面很广，但它们都从不同程度上反映了当今英美社会里得到认可的言谈举止的准则，以及一般人的思维模式和价值观、道德观。

忌讳是产生委婉语的主要原因。早期人类由于生产力水平低，无法理解自然现象和自然力的本质，人们迷信鬼神，迷信超自然的力量，一些有关鬼神的话就成为禁忌语（taboo）。语言的禁忌实际上包括两方面：一方面是语言的灵物崇拜；另一方面是语言的禁用或代用，也即委婉语。当人们不愿说禁忌的话语，而又不得说时，就得用动听的语词来暗示人家不愿听的话，隐喻来暗示人家不愿说的东西，用曲折的表达来提示双方都知道但不愿点破的事物。委婉语产生的另一重要原因是"礼貌"。前文我们已经论及，人们在交际中为了避免使用引起双方不快，从而损害双方关系的语言，而采用一种迂回的、曲折的方法，使用一些积极的、令人愉快的、比较委婉的词来表达思想、交流信息。如果说"忌讳"是对不快事物的回避，那么"礼貌"则是对不雅事物的回避。比如性、排泄、疾病、人体某些部位，直接说出来不仅会引起双方难堪，冒犯别人，也有损自己的形象，恰当使用委婉语不仅能消除交往障碍，而且能达到遮羞避丑的目的。例如：想上厕所，说成"I want to wash my hands"等。

下面我们列出英语中与生活紧密相关的几个方面的委婉语，并与汉语的委婉语进行对比，以期有助于减少和避免在这方面的语用失误。

一、与凶祸、疾病有关的委婉语

"说凶即凶""说祸即祸"这种自古以来将语言看作具有魔力的思想意识在英汉文化中均普遍存在。"死"对人类而言是一件可怕的事情，因为从社会心理上讲，"死亡"总要伴随着痛苦，引起恐惧和忧虑，无论谁都不愿意提及这些神秘的字眼。汉语有驾崩、作古、长眠、谢世、故世、过世、归西、永诀、永别等委婉说法；英语中也有数百种代替"death"和"die"的词语，如 to be at rest, pass away, to fall asleep 等。这些词语体现了不同场合禁忌语的多样性，反映了一个民族的人文观念和伦理观念。虽然其构成方式和来源背景有同有异，但其作用是相同的，即尽力净化"死"所带来的损害性的情感联想，减少自己与他人情感上的对立，引起情感上的共鸣。

疾病总是给人以痛苦之感，人们对疾病尤其是危及生命的病更为惧怕，例如人们不说"cancer"而改用"Big C, long disease"；不讲"AIDS"而说"communicable social disease"（可传染的社会疾病）。人们不再称精神病医院为"insane asylum"，而是称"mental hospital"。同样，汉语中也有一些关于疾病的禁忌说法，如把生病叫作"不舒服"，把耳朵聋说成"耳朵不太好使"，人们总是设法用委婉的手法来掩饰其现实，减轻心理压力。

二、涉及社会地位等级方面的委婉语

在西方社会里，不同的社会分工所形成的巨大收入差距造成了从业者高低贵贱不等的社会地位，特别是某些第三产业职业，因其工作环境恶劣、收入低微、社会地位低、缺乏体面而使相关的从业人员经常遭歧视，感到抬不起头，没有面子。委婉语的使用赋予了他们以动听舒心的名称，从语义上提升这些低微职业的地位，使其显得比本义更加重要，从而在一定程度上使从业者增强信心，给他们带来一定的心理安慰。这样的委婉语很多，如理发师"hairdresser"提升为"beautician, barber"，花工"gardener"为"tree surgeon 或 landscape architect"。这些委婉语的应用显然满足了社会心理需求，起到了提高从业者社会地位、消除其忧虑的作用。

随着改革开放的进一步深入，我国的传统文化思想和价值观念受到了外来文化的冲击，人们的职业价值观有了很大改变，汉语职业委婉语有发展壮大的趋势。如"失业人员"被称为"下岗职工"或"未就业人员"，穷人被称为"困难户"或"低收入者"，理发师为"美容师"，环卫工人为"城市美容师"，离家谋生的为"打工一族"，住房装修工为"家居装潢设计师"，等等。

三、与身材和生理缺陷相关的委婉语

中西方人都很注重自己的身材和面容，对于长相欠佳或者生理有缺陷者，人们都十分敏感。汉语中有很多相关的委婉语：忌"瘸"，说"腿脚不方便、不得劲、不灵活"；忌"瞎"，说"失明"；跟麻子讲话，要回避麻、坑等字眼；跟驼背的人讲话，要回避"脊梁、腰杆"之类的词语。英语国家人说到"丑陋"，忌用"ugly"（难看），而说"plain looking"（长相一般）；说到瘦，忌用"skinny"（瘦骨嶙峋），而说"slim"（修长）或"slender"（苗条）；说到生理有缺陷者，忌用"blind"（盲）或"deaf"（聋），而统称之为"the handicapped or disabled"（残疾人）。

第六节 熟语的语用失误

熟语是口语中约定俗成的比较生动的词汇或语句，其涉及范围极为广泛，包括谚语（proverbs）、格言（motto）、习语（idiom）、歇后语（a two-part allegorical saying）以及口头上常用的成语典故（set phrases）等。中国人爱使用熟语，恰如其分地使用熟语能使句子言简意赅、短促有力，从而增强表达效果。熟语一般由两部分构成：第一部分是形象，它是一种感性经验，是可以由一种或多种感官感知的具体事物；第二部分是寓意，它通常是一种抽象的思想情感。形象是信息意义的载体，是熟语构成中的客观部分；寓意是形象在一定文化环境中的引申，是熟语构成中的主观部分。以具体来表现抽象，以已知或易知来启迪未知或难知，这是形象运用的功能。

熟语反映了自然界和社会的一定规律，而这些客观世界的规律是不分国度和民族的。因此，英语熟语所表达的思想情感，即其寓意，大多在汉语熟语中可找到对等语，但在具体的表达方式上，在材料的选择和手法的运用等方面，往往带有鲜明的民族性，很难"对号入座"。英语熟语是使用英语的各民族人民在生活和劳动中创造出来的，和他们的历史、经济、生活、风俗习惯、物产风貌、自然环境等有着密切的关系。同样，中华民族也孕育了不计其数的具有鲜明的中国特色的熟语。因此，英汉熟语不仅有其共性，即语言都简练通俗，寓意深刻，机智幽默，常具有鲜明生动的形象和一定的韵律，易于传诵和记忆等，而且有其独特的民族个性。它们以不同的方式构词成句，赋予语言以精辟的哲理和美的享受，使我们从中可以领略到英汉民族丰厚的文化蕴涵。因熟语所具有的独特的民族个性，我们在跨文化交际中使用熟语时更易发生语用失误。因此，对英汉熟语进行比较，分析英汉熟语的异同，对我们在跨文化交际中减少和避免这方面的语用失误将起到积极的作用。

从构成熟语的形象和寓意角度来看，英汉熟语的异同大致可分为以下三种情况：

一、形象和寓意基本对等

下面这些英汉熟语在形象和寓意方面基本对等：
（1）滴水穿石——Dripping water wears through the stone.
（2）老手——old hand
（3）轻如鸿毛——as light as a feather
（4）如释重负——take a load off one's mind
（5）瘦得像一把骨头——be all bones
（6）两面派——two-faced
（7）乡巴佬——country bumpkin
（8）老狐狸——old fox
（9）心有余而力不足——The spirit is willing, the flesh is weak.
（10）眼中钉，肉中刺——thorn in one's side

（11）得寸进尺——Give somebody an inch and he'll take a mile.

（12）破釜沉舟——burn one's boats

饶有趣味的是，熟语"破釜沉舟"和"burn one's boats"都源于战争。英语中的"burn one's boats"典故出古罗马历史。凯撒征服高卢以后，担任高卢总督，权威日盛。他的政敌庞培和元老院密谋撤销他的总督职务。凯撒得知后，率兵越过高卢与意大利本土的交界线鲁比肯河，拉开了内战的序幕。据说，凯撒渡过鲁比肯河后下令烧毁了全部战船，自断退路，表示他的决心。汉语中的破釜沉舟见于《史记·项羽本纪》："项羽乃悉引兵渡河，皆沉船，破釜甑，烧庐舍，持三日粮，以示士卒必死，无一还心。"

二、形象对等，寓意不对等

英汉在形象方面基本对等，而在寓意方面却有较大差异的熟语有很多，下面略举几例说明之：

（1）哄骗、取笑、愚弄某人——pull one's leg

汉语中的"拉后腿"绝不等于"pull one's leg"，前者指阻碍别人的行动，后者指哄骗、取笑、愚弄某人。

（2）当一把手——play first fiddle

（3）当二把手——play second fiddle

汉语中的"一把手"和"二把手"分别指职位最高的领导及其副手，而英语中 first hand 却指"第一手的""直接的"，second hand 指"用过的""旧的""第二手的""间接的"。

三、形象不对等，寓意对等

以汉语中常用的"对牛弹琴"为例，它是用来讥笑听话的人愚蠢、不识货、不懂对方说的是什么，或说话的人不看对象乱讲一通。如果被译成"play the lute before a cow"，那么西方人一定不知所云，在交际过程中，将导致对方不能确切地把握原语的真正含义或者延缓理解速度。英语中有一个与"对牛弹琴"极为类似的表达方式，那就是："Cast pearls before swine"。其字面意思为"把珍珠丢在猪的面前"，其真正含义为"不要在不识货，没有理解和鉴赏能力的人面前白费力气"。"对牛弹琴"起源很早，钱大昕《恒言录成语》："《庄子·齐物论》郭象注：是犹对牛鼓簧耳"。英语中的 cast pearls before swine 来自《圣经·马太福音》（*Bible The Gospel According To Mattew*）："Give not that which is holy unto the dogs, neither you're your pearls before swine, lest they trample them under their feet, and turn against and rend you."（不要把圣物给狗，也不要把你们的珍珠丢在猪的面前，恐怕它踩坏了珍珠反过来又咬你们。）

再如，汉语中的"拍马屁""马屁精"与英语中的"apple-polishing"和"apple-polisher"基本对应。"拍马屁"一词原是我国西北地区方言。在机动车辆出现以前，马是重要的交通运输工具，又由于西北地区山高地险交通不便，所以多以马代步。当地人以有骏马为无上荣耀，因此有"人不出名马出名"之说。他们平日牵马相遇，常常相互拍马屁股说："好马！好马！"以表示欣赏赞叹。此话本无"谄媚、讨好、奉承"的意思，但由于一些趋炎附势的人看到权贵来到，为了取悦讨好，不管其马到底如何，总是拍着马屁股恭维道："大人的好马！大人的好马！"后来，人们就用"拍马屁"一词来形容阿谀奉承者的行为。英语中的"apple polisher"（擦苹果的人），是指给人送礼品以赢得友谊或特殊待遇的人。"擦苹果之事"犹如人类社会一样古老，但这个说法却产生于不久以前，大约只有50年的历史。它来自学校的教室。曾经有很长一段时间，有的学生经常在老师的桌子上放一只鲜艳的苹果。他们把苹果擦得鲜艳锃亮以显得更加香甜可口，希望这个礼物能使老师对其差劲作业睁一只眼闭一只眼，打个好分数。自然，恭维是最廉价的一种"擦苹果"方式，说恭维话不要代价，愿意讲多少就讲多少。当然也总有人喜欢受人恭维。现在，"apple-polishing"（擦光苹果）表示"逢迎、讨好、拍马屁"；"apple-polisher"（擦苹果的人）泛指一切"逢迎、讨好、拍马屁的人"。以下例子也属于同一类：

（1）受气筒——doormat（形象：门垫子）

（2）瘦得像猴儿——as thin as one's shadow（形象：瘦得像影子）

（3）碰钉子——get the brush off（形象：被刷子刷走）

（4）炒鱿鱼——give sb. the sack（axe）（形象：给某人袋子/斧头）

（5）露马脚——let the cat out of the bag（形象：让猫从袋中钻出来）

（6）有钱能使鬼推磨——Money makes the mare go.（形象：有钱能使马不瘸）

（7）班门弄斧——teach the fish how to swim（形象：教鱼学游泳）

（8）出淤泥而不染——True blue will never stain.（形象：真正的蓝色不会被玷污）

（9）胸有成竹——have a card up one's sleeve（形象：袖中有牌）

（10）鹬蚌相争，渔翁得利——Two dogs fight for a bone, and a third runs with it.（形象：两只狗争骨头，却被第三只狗叼了跑）

（11）挂羊头，卖狗肉——cry wine and sell vinegar（形象：嘴上叫卖酒，实际上卖醋）

（12）老油条——a wily old bird（形象：油滑的老鸟）

（13）老古董——a stick in the mud（形象：烂泥中的树枝）

第七节　邀请和致歉语的语用失误

　　对于邀请和接受邀请，汉英的差异很大。出于礼貌，讲汉语的人接受对方邀请赴宴或参加晚会时，往往不是直接爽快地答应下来，或干脆拒绝，而总是半推半就地说"别麻烦了""再说吧""我争取来"等，这种态度往往使讲英语的人感到困惑不解。例如，一位在美国的中国访问者，接受导师的邀请赴其家宴时，在电话里不停地说"Thank you"，还加上一句"All right, I'll try to come"。导师着急起来，干脆问他："Yes or no?"遗憾的是那位学者长时间反应不过来，仍然不断地说"Thank you, I'll try"，令这位导师觉得中国人怎么这样含含糊糊，不着边际。其实双方都觉得对方怪，根源在于发出"邀请"的同时，不同文化的人对反应方式有不同的期待。欧美人重视个人权利与私人领域，在完成"邀请/接受"这一组织活动时，双方采取的是一种流线型的行为模式，即请的人只说一遍，被请的人当场表示"接受"或"不接受"，最重要的是明确与否。邀请者不再三强调，因为这样做会被认为是对对方自主能力的怀疑。中国人是一个注重礼仪、重面子的民族。这样的一种文化价值取向决定了中国人在完成"邀请/接受"这一组织活动时，采取的是一种循环式的行为模式，即甲邀请，乙先拒绝，甲再邀请，乙再半推半就地接受。这样循环，对于双方的面子都有好处：第一轮拒绝，便于邀请的人充分表现诚恳与热忱，也便于被邀请的人探测对方的真实心意，同时避免被人认为贪吃。"第一轮接受"和"第二轮接受"的意义是很不一样的。前者接受的只是邀请，后者接受的除邀请外，还有对方的盛情，而且被请的人是在"恭敬不如从命"的情况下才接受的。这样一来一往，双方脸上都有光，所以邀请一个中国人往往要邀请好几次，且要明确说明赴约的时间、地点等。

　　类似情况还出现在接受对方"提供服务"时的应答。当讲英语的本族人问一句"Will you have a cup of coffee?"我们不能按汉语的方式只用一个"谢谢"（Thank you）来表示接受。正确的英语表达方式一般以"Yes, please"表示接受；以"No, thank you"表示拒绝。含糊的"thank you"同样使"提供者"不知所措，他不知道是否应该给那位只说一声"谢谢"的人递上一杯咖啡。

　　"道歉"言语行为指的是说话人公开承认做了不应该做的事或没有做应该做的事。"道歉"的功能是补救某种无礼的言行，建立或恢复谈话双方的融洽关系。在道歉时，英汉两种文化也存在一定的差异。中国人在道歉时常说"对不起，我错了，我不应该这样说你"等，而英语说"I apologize for what I have said""I apologize"或"I take back what I said"。中国人则认为，说过的话是收不回来的，而怀疑对方道歉不够真诚。另外，英语中的"Excuse me"与"Sorry"在语用上有明确的分工，"Excuse me"可用于向陌生人打听消息，用于请求打断别人发言、退席、让路，用于发出不由自主的声响（如当众咳嗽、打喷嚏），演讲、朗读时出错等；"Sorry"一般用于冲撞冒犯某人之后的道歉。但汉语中的"对不起"却能用于"Excuse me"和"I'm sorry"的所有场合。

第八节 广告语言中的跨文化语用失误

广告既是一种经济发展的产物，又是一种文化的产物。由于广告所具有的特殊功能，广告语言作为一种实用文体，在词汇、句法、修辞等方面都独具特点。广告语言为实施劝诱功能而采用新颖的词语和独特的表达方式，故意违背格赖斯的会话准则，即方式准则，不仅吸引顾客的注意力，强化广告的影响，而且新颖奇特的方式常令人一时费解，读者不免会停下来加以思索，从而领悟其意境，并参与产品消费。广告语言常采用间接隐晦的手法，寓意言外，妙用歧义。因为各民族的文化背景、风俗习惯及价值观念差异极大，人们对同一广告的理解因地而异。因此，广告语言极易发生跨文化语用失误。一个产品的诉求方式可能在国内市场发挥效用，而在国际市场则可能与消费者的习俗、信仰发生冲突，从而导致产品的滞销。面向国际市场的广告撰写在很大程度上还应对相关地区和国家的文化背景进行研究和探讨。我们对国内报刊上发表的及出口商品宣传资料上印刷的一些中国产品的英文广告进行分析，从而揭示我国英文广告在跨文化交流中的语用失误。中国的英语广告诉求对象是英美和其他一些国家顾客，避免语用失误显得尤其重要。

广告语中对应词或对应句式结构从母语向目的语迁移是造成广告语语用失误的主要原因之一，比如：

（1）Guo's Totally Nutritious Slimming Extract A Completely New Concept of Scientifically Reducing Fat.

有人把"国氏全营养素"译为"Guo's Totally Nutritious Slimming Extract"，在以英语为母语的本族人看来就觉得有些古怪、难懂。其古怪之处就在于它的结构。在汉语的认知模式中，表示药物效力和性能的修饰词"全营养"可以成为药物名称的一部分，放在药品类名"素"之前，并成为该药品名称的一部分，如"抗生素""维生素"等。在欧美文化中，英语的认知模式并不认可这样一种产品名称结构，在英美人士看来，"Nutritious""Slimming"只是该药物的性能和效力，是对药品的褒义评价，这种名称偏离了英语的认知模式和语用规则，因此显得古怪。除了"Guo's Totally Nutritious Slimming Extract",我们还会发现许多类似的英文翻译,如"Miraculous Cough-relieving Granule""Miraculous ABC Health Product Series"等。

从药品和产品名称的命名规则,我们可以看出在汉语的认知模式中,表示药品性能的修饰词加上药类名称符合汉语的语用规则。

这种命名方法得到中国消费者的认同,可以使消费者对产品留下深刻印象,并且对消费者具有说服作用。但是一旦将药品名称按同样的方式翻译成英语,就会偏离英语的认知模式和语用规则,这时"Nutritious""Slimming""Miraculous""Cough-relieving""Health"不再被看作名称的一部分,而只是对药品的赞赏和宣传,很容易使欧美消费者误解。

按照英语的认知模式,药品名称通常只有一个表示药名的单词,不必附加过多的修饰语,如:

(2) Lotrimin

Today, this prescription-strength cure athlete's foot is available without a prescription.

这个药品的英文名称只有一个词"Lotrimin",在我们所收集到的其他的英文药物广告中,其名称都是一个词,如"Kwells""Askit""Anadin""Dramamine" "Earex""Hedex""Librium"等。这说明英语给药品命名的语用规则有别于汉语语用规则。

不仅药品,其他产品名称的翻译也都有类似的情况,"Chinese ABC Brand Printing Ink"就是其中之一,在此不赘述。

英文广告中的另一种语用失误源于语用意义的迁移。"杭州西湖藕粉"是我国著名的富含营养食品,在国内很有名气。以前,当其产品投放到国际市场时,销路屡屡受挫。其英文对应词"Hangzhou Lotus Roots Starch",不适宜的语用意义迁移正是产品营销策略失败的原因之一。

"Lotus Roots Starch"是汉语"藕粉"的对应词。"粉"在汉语字典中被定义为"细末儿",因此,"粉末状"是"粉"在汉语图式示意认知模式中的一个属性,根据汉语的语言语用规则,"粉"字既可附在指代粉状物的名词上,如"面粉""奶粉""淀粉",也可用来指代由淀粉制成的各种食品,如"粉丝""粉条"等。"starch"在《新英汉字典》中被翻译成"淀粉、淀粉类食物"。受其特定的文化背景及其观念的影响,"粉"和各种各样的粉状物,如"淀粉""面粉"被联系在一起,因为它们都有一个一共性特征即"粉末状",难怪要把"粉"翻译成"starch"。而在英语中,"starch"除指"粉"或"粉末状"的物质外,在英语的暗喻认知模式中,"starch"暗示着有长胖和增加重量的危险。不难看出汉语"粉"的语用意义和英语"starch"的语用意义迥然不同。难怪英美顾客看到这样的品名会望而却步，不敢问津。"Lotus roots starch"偏离了英语的暗喻认知模式。这正是"杭州西湖藕粉"在国际市场上受挫的症结所在。

如前文所述，在"国氏全营养素"的广告中把"科学减肥新概念"翻译成"A Completely New Concept of Scientifically Reducing Fat"也需要斟酌。把"减肥"说成"reducing fat"似乎欠妥。在汉语的认知模式中，"肥"指人时，实际上蕴涵贬义成分，但随着时间的推移，人们对"减肥茶"之类的产品名称已习以为常。中国顾客已把"减肥"理解为"减轻体重"和"控制体重"。因此，无论是体胖者，还是想保持苗条身材者都会选用此类产品。而在英美文化中，按照英语认知模式，"reducing fat"（减肥）有一个前提，即"顾客可能很胖"，本产品是为那些"胖人"使用的。而有些顾客认为自己并不胖，只是希望自己的身体更加苗条，那么他们是不愿购买这种产品的。

不恰当地套用母语的句法和语篇结构，以及因目的语的一词多义与母语中的一词多义现象在语义、用法上的差异而造成的语用失误，在中译英的广告中屡见不鲜。下面所列举的广告就是典型的例子：

（3）Chinese ABC Brand Printing Ink

You are welcome to select and use ABC Brand Printing Ink produced by ABC Printing Ink Co.Ltd. (APIC). Based on the original ABC Printing Factory, APIC has merged scientific research, production and management in a whole. APIC is authorized to export and import related products and materials. The company has been honored to be the most excellent enterprise for TQC management and state second rank enterprise by the Ministry of Light Industry in China.

...and rotary offset-printing ink won Gold Medals of Excellent Exports from the Ministry of Light Industry in China in 1988 and Gold Prize in 1989. APIC persists in the principles of "Quality first, reputation supreme, best-quality service and customers satisfied", and welcome customers of various circles to select and use APIC products. We hope ABC Brand Printing Ink will be contributive to the world printing trade.

这种由原文直译过来的英语广告在国内随处可见。看完这则英文广告，我们的第一感觉就是这是译文，而不是地道的英文广告。与其说是广告，不如说是产品说明或简介。究其原因主要是它无论从语篇层次上，还是句法、词法层次上，都没能体现广告英语的语言特征。首先，这则广告句子冗长、结构复杂、单调，非常拖沓，没有广告英语句子简洁、优美、多样的特征；其次，文辞烦琐、生硬，其中某些表述有失偏颇，缺少广告英语用词简洁、新颖、独特的优点；再则，这则广告可说是依葫芦画瓢，完全照搬中文的语篇格式，其齐整的三段式格式，看不到广告英语语篇灵活多样、口语化的影子。这样的广告在英美读者眼里显得乏味、别扭，既无法引起读者的好奇和兴趣，更无法吸引读者参与到其中来。其效果可想而知。

第九节 公示语翻译中的语用失误

公示语是社会用语中的一个重要组成部分，属于社会管理用语范畴。公示语作为一种特定功能的文字形式，具有悠久的历史，在世界各民族的社会、文化、经济发展进程中都发挥着规范、协调、保障稳定的功能机制。公示语涵盖的范围很广，包括"标牌、路标、指南、公告"等，即在公共场所张贴的旨在为一般公众或特殊群体提供提示、警示、告示等帮助的服务性语言标识都属于公示的范畴。公示语一般具有言简意赅的特点，常使用祈使句或省略句，它的作用在于指引、提醒或阻止特定行为的发生。以英语为例，公示语具有指示性、提示性、限制性、强制性四种突出的应用功能，所展示的信息状态既有静态的，也有动态的。广泛使用名词、动词、动名词、词组、短语、缩略词、文字与标志相结合、现在时态、祈使句、规范性词汇以及部分本土色彩浓厚的词汇等特点一起构成英语公示语独特的语言风格。有学者从英汉两种语言不同的语言结构方面归纳出英汉标示语主要有两大不同之处：汉语标示语多使用祈使句，简洁又凝练；英语标示语较多地使用物称表达法和陈述方式，委婉而间接。汉语倾向于多用动词，叙述呈动态；英语倾向于多用名词，叙述呈静态。

公示语是向大众展示的一种语言，作为一种交际工具，它把必要的、有用的信息传达给大众。人们每天通过路标、广告、商品说明书、旅游指南、社会宣传资料及各种告示等接触到大量的公示语。公示语是人们生活中最常见的实用语言，它是人们生活中不可缺少的帮手，但同时亦承载了一个国家的文化含义。随着中国与世界的接轨，越来越多国家的人们希望了解中国，他们走进中国，与中国人接触。在这种跨国、跨文化交际的过程中，英语作为国际上重要的通用语言之一，成为各国人民沟通的便捷工具。因此，国内大量的公示语需要用英语来进行传递。但是，目前国内许多公示语的英译存在着各种各样的错误，或是用词不当，致使翻译不地道，或是由于未注意到中西文化差异而使这种传递失误，以至影响了来华的外国人与中国人顺利地进行交际。笔者收集了下列公示语翻译中出现语用失误的例子，希望对减少我们在这方面的语用失误有所帮助。

（1）某公园告示"请勿践踏草地"被译作"Little Grass is Smiling Slightly. Please Walk on Pavement"，这种译法反映出典型的中国人的思维方式，虽然在中文里这种表达能引起人们的共鸣，但对于不熟悉中国文化的西方人来说，就有可能造成迷惑不解。正确的译法应是"Keep off the Grass"。

（2）某旅游景点的告示"游客止步"被译作"Tourists do not enter"，正确的译法应是"No Entrance"。

（3）某商店告示"谨防扒手"被译作"Take Very Good Caution Over Pocket Pickers，正确的译法应是"Watch Out For Pickpockets"。

（4）某旅馆房间告示"保管好私人物品"被译作"Take Care of Your Private Parts""Private Parts"在英语中通常指人的"身体某部分"，正确的译法应是"Take Care of Your Personal Belongings"。

（5）某市公共汽车候车点告示"老年人优先候车"被译作"Old People Waiting and Getting on First"，在西方，老年人不希望被人看作老而无用，需要别人的照顾，因此，英语中总是以委婉语"Senior Citizens"来称呼他们。正确的译法应是"Senior Citizens First"。

（6）某公共告示"小心路滑"被译作"To Take Notice of Safe, The Slippery Are Very Crafty"，正确的译法应是"Watch Your Step. Slippery Sidewalk"。

（7）某购物中心洗手间告示"节约用水"被译作"The Economy Uses of Water"，正确的译法应是"Save Water"。

（8）某展览馆里的"濒危珍禽"被译作"Dangerous Bird"正确的译法应为"A Rare Bird Threatened by Extinction"。

（9）某商场告示"入口处"被译作"Way in"，"出口处"被译作"Way out"，正确的译法应分别是"Entrance"和"Exit"。

（10）某市公共场所告示"请勿吸烟"被译作"No Smoking Please"或"Please Don't Smoke"。"请勿吸烟"尽管在汉语中是一种礼貌用语，但它的意图应是对一种不良行为的约束。在英语中，对于这样一种意图的表达，方式上应该清楚明白，避免含糊、晦涩，如若按照汉语的思维直译，则会在表达和意图或功能上发生冲突，必然使西方人纳闷：既然是应禁止、约束的行为，为什么在语气上又那么客气呢？结果势必达不到应有的语用效果。因此，正确的译法应是"No Smoking"。

瑞典学者奥尔伍德（J. Allwood）曾经说过："语用观点的中心，我认为就是把语言信息交流看成是发送者和接受者之间的一种行为和相互作用。发送者发出各种类型的信息的行为，有些是言语行为，有些是非言语行为。接收者对这些行为做出以下反应：理解或者不理解，情感上或认知上受到影响或不受影响，对听到的内容采取各种立场和形成各种态度，并且在行为上做出反应。"从语用角度来看，翻译不仅应该体现出原作者或原文本的意图，且应该在译文中体现出接收者可能做出的反应，以及为何在那种语境下做出那样的反应。可以说，翻译是在不同语言、不同文化的人们之间架起了一座相互沟通的桥梁，译者必须很好地掌握两种语言的语用对比知识，了解两种语言的语用差异，才能使译语起到和原语同样的功用。由于语用翻译强调语用语言等效和社交语言等效，译文不一定要拘泥于原文，可以顺从读者的文化习惯，使他们在异域文化中减少理解上的困难。

　　总之，语言应该顺应交际的需要。由于公示语英译的主要交际对象是英语使用者，它的表达应符合英语的语用习惯和文化特征。作为广泛接触的一种语言现象，公示语的翻译是否得当对我们整个社会都有直接的影响。公示语英译的规范将使中国在与世界接轨的过程中，努力满足世界各国人民了解中国的迫切要求，增强我国在国际上的影响力。

第六章　跨文化交际语用交流失误的成因分析

跨文化交际中的差异现象异彩纷呈，多种多样，既有语音、词汇、句法的差异，又有思维方式、审美方式、行为方式、生活方式与交往方式等方面的差异。国内外学者对跨文化交际中语用失误的成因进行了探讨，但多归咎于文化差异。当然，文化差异是跨文化交际中语用失误的主要原因，这已经达成共识。但仅从文化差异这方面探寻语用失误的成因，则未免显得过于狭窄。笔者认为，应多角度探讨语用失误的成因，探讨语用者说话不得体的深层原因。只有这样，才有助于我们从多方面找到对策，以达到减少和避免跨文化交际中语用失误的目的。

第一节　语用失误的文化差异分析

文化差异表现在多个方面，我们这里主要讨论文化传统、价值观念、思维方式、宗教信仰和语言意象等几方面因素。

一、文化传统的不同

语言是文化的反映和载体，语言背后的文化传统是构成该语言运用的重要因素。汉语和英语都是历史悠久、具有丰富文化传统和文化蕴涵的语言。在数千年的发展过程中，这两种古老语言在今天看来，表层的结构形式已经迥异，同样，其深层的文化结构和蕴涵也有很大差别。诚然，这两种文化传统的内涵都是熔铸了历史上不同时期的文化因素而抽象、提炼出来的，难以简单地概括，但从宏观的角度粗略地把握和对比，还是可能的。

（一）汉民族文化传统

汉民族文化历史悠久、内涵丰富，五千年文明史灿烂辉煌。自商周以来直至五四运动时期，汉民族文化精神数千年来一脉相承，从未断裂和缺失，形成了鲜明的传统特色，其中最主要的就是浓厚的封建礼教色彩。国家政治关系的民顺、臣忠、君仁的封建礼教规范，家族血缘关系的子孝、妇从、父慈的宗法伦理观念，几乎包含了汉族文化传统的全部内容。以孔孟为代表的儒家所建立和推崇的"仁义礼智信"的礼教观念，"君君臣臣，父父子子"的等级观念是汉语文化中占主导地位的思想。虽然在春秋战国时期曾有"百家争鸣"的盛况，但汉代以后的"罢黜百家，独尊儒术"的国策，最终使孔孟之道成为君临天下的精神支柱（后来又融合了道家和佛教，成为"儒道释"三位一体，但其主导仍是儒家学说）。在这种文化传统中，注重名分，讲究伦理，上下有别，长幼有序，名正言顺，不可逾礼。"所谓君就是一国之父，臣就是国君之子。在这样的层系组织社会中，没有'个人'观念，所有的人，不是父，就是子，不是君，就是臣，不是夫，就是妇，不是兄，就是弟。"没有超脱尘世的个人，总是处于某种关系中，理想的是处于君仁臣敬、父慈子孝、夫义妇节、兄友弟恭的宗法与伦理的网络之中。这种文化传统也就给汉语语用带来种种影响。

1. 等级分明与人际和谐

汉民族文化的礼教和等级两大传统在汉语语用中的影响最为明显。一方面，礼教的"仁爱之心""忠恕之道"要求人们讲究人际关系的和谐；另一方面，上下有别，长幼有序的等级观又要求人们注重伦理，不可逾规。这样看似矛盾的两端却有机地统一在汉民族传统文化中，并形成对语用有制约和影响的文化语境。《易·系辞下》主张："君子上交不谄，下交不渎。"意思是地位比自己高，不巴结、不奉承；地位比自己低，不亵渎、不轻慢。这便是君子所为。这里就既讲等级又讲和谐。《礼记·中庸》也说："喜怒哀乐之未发，谓之中，发而皆中节，谓之和。中也者，天下之大本也；和也者，天下之达道也。致中和，天地位焉，万物育焉。"从内心修养的角度谈和谐与有序，也是同样的道理。

儒家代表人物不仅提出自己的理论，还身体力行。例如《论语·乡党》说孔子"朝，与下大夫言，侃侃如也；与上大夫言，訚訚如也。君在，踧踖如也，与与如也。"意思是，孔子上朝，君主未到时，和同级官员说话，刚毅正直的样子；和上大夫（上级）说话，委婉和乐的样子；君主来了，恭敬不安的样子，而又威仪适度。这便是儒家的交际和语用规范。

应该说，等级分明基础上的人际关系和谐，对汉语语用的影响是深远的。历朝历代，人们都注重这种语用规范，轻易不敢越雷池一步。直到今天，作为一种传统的文化，还在潜移默化地影响着人们的语用方式。

2. "征圣语"和"引经据典"的发达

与等级观相适应，汉语语用对有地位者的言论给予了很高的推崇，"继绝世，法先王"的传统常使语言应用中大量引用前贤的语录来说明观点。"征圣语"和"引经据典"遂成为具有强烈的民族特色的语用倾向。孔子说："有德者必有言"。"立德、立功、立言"为古圣人追求的"三不朽"。名正才能言顺，有地位者说话才有分量。在漫长的封建社会里，各朝代的皇帝为了强化其统治地位，将儒家的学说推崇为经典，先有五经，后有十三经，连《诗》也成了《诗经》，《易》也作为《易经》。凡是这些经典之中的话语，都为后世作规范，都有以少胜多、以势取胜的便利。更有甚者，隋唐以后的科举考试，大都从这些经典中截取一句话或一段话作为题旨，要求考生按规定发挥成文，这对广大学子的语用导向作用是很大的。人们不敢轻言自己的主张，必须在先圣观点的范围内谈论问题。著文，开篇必为子曰诗云。明清时期的"八股"取仕在政治上贻误了无数人才，贻害至深，在语用上带来的负面作用也是相当大的。虽然从修辞的角度看，使汉语的"引用"辞格特别发达，丰富了修辞格的内容，但其对语用的限制，阻碍了其创新也是十分明显的。

3. 特有的礼貌规范

中国是一个文明古国，礼仪之邦，中国式的礼貌有着悠久的历史渊源。《礼记·乐记》中说："乐者，天地之和也；礼者，天地之序也。和故万物皆化，序则群物皆别。乐由天作，礼以地制。过制则乱，过作则暴。明于天地，然后能兴礼乐也。"这里将礼乐与天地联系在一起，体现了一种"天人合一"的观念。汉民族文化传统中，人与人之间的交往是要讲究温良恭俭让的，由此也就形成了汉族人特有的礼貌规范。

（二）汉英文化传统的差异

相比较而言，上述的汉民族文化传统在英语国家却并不类同。与汉族人等级分明而人际和谐不同，英美国家的人际关系是平等而竞争的。由于英国封建社会时期较短，资本主义发展较早，这种社会形态要求人们讲究民主、自由和平等，人与人之间相互独立，自立自助，崇尚冒险和竞争，提倡依靠自己的力量改变生活。在英美人眼里，人与人之间的"平等性"大于"权势性"，没有绝对的权威，不需要言必称圣贤。他们虽然也尊重先哲，但不必以"引经据典"为荣。在礼貌方面也有不同的表现。利奇总结的礼貌六准则，就与汉语的礼貌原则有较大差异。英美人讲究效率，不拘礼节。在美国，人们的称呼以直呼其名为常，死亡委婉语也没有严格的社会身份地位之界线，因为他们相信"All men are created equal"。美国教师在课堂上也表现很随意，可以坐在讲桌上讲课，也允许学生向他们公开挑战。

正因为文化传统的差异，汉英跨文化语用交际时常常会出现一些语用失误。例如：

【案例110】A：今天下午补课。

B：谁说的？

A：（用手指站在面前的老师）他说的。

【案例 111】在约翰逊的客厅里，李平发现一幅由约翰逊夫人绘制的漂亮油画，他说道：Mrs. Johnson, I didn't expect you could make such a beautiful oil painting.

【案例 110】是外国留学生用汉语交际，这里语法是正确的，但并不得体。因为在汉民族文化语境中，有尊长同在现场的谈话，不能用第三人称代词来指称尊长，而要用尊称，如职业、职务等称呼语。【案例 111】李平的英语也是标准的，但其恭维用的是汉语礼貌中的"贬己尊人"的传统，以自己"想不到"来衬托和突出对方的"了不起"。如果约翰逊夫人一点也不了解汉文化，就不可能知道说话人在赞赏自己。她听到这句话的直接感觉可能是：这个中国人一见到画就猜测她不具有画此画的能力。这必然引起她的不愉快，甚至恼火，由此而可能引起跨文化交际中的语用冲突。

二、价值观念的不同

价值（value），从词源上说，原意是"掩盖、保护、加固"，后来演化成"起掩护和保护作用的""可珍惜的、可尊重的、可重视的"等。价值是人们表述事物与自己的关系、对自己的意义的概念，是在人的生存发展活动中形成的一种特定关系。价值的实质是客体的存在、属性及其变化同人的衡量尺度和需要相一致、相符合或相接近情况。凡是具有这种性质和状态的客体和人的关系，就叫做客体对人有价值，否则则为无价值或负价值。价值观是指人们头脑里形成的关于价值现象或价值关系的系统化的看法和观点。在跨文化交际中，由于人性的普遍性和各种具体的价值尺度，如真、善、美等所具有的全人类的普适性，因而存在着文化的共性和价值及其价值观的共性。若否认这一事实，既有所偏颇，也无法说明跨文化交际中双向沟通的实现问题。

人的社会行为总要受到某种社会价值标准的制约和驱动，但对于什么是"价值观念"的定义，学术界未能对此达成共识。人类学家、心理学家及传播学家对于价值观的研究一直极为关注。我们认为，荷兰学者霍福斯泰德（Hofstede）近年来的研究成果特别值得注意，他利用大量的资料分离出四个衡量价值观的尺度。需要指出的是，这四个价值尺度是衡量一种文化和一个社会具有该价值的相对程度。由于东西方文化的巨大差异，他在这四个方面的价值观几乎总处于极端对立的状态。这一点可以从他将 53 个国家和地区的价值观按他分离出来的四个尺度，计算出的各自指数和所占位置得到证明。霍氏对几万份材料进行分析统计后，提出了四个价值标准（以下称霍氏标准）：个人主义—集体主义、权力分配的不同差距、愿意承担风险的程度、男性—女性。实际上，霍氏标准并非最根本的价值标准。因为那些价值标准本身就是在更深层次的观念基础上建立起来的。而这种观念是建立在任何社会都不可缺少的要素，表现在每一社会成员的言行举止都必须既要利他，又要利己的基础之上，还表现为对利己或利他的偏爱，从而形成不同特色的文化观、价值观。笔者认为，霍氏的价值标准都是建立在"利他—利己"这对根本的价值标准之上的。这就是说，在霍氏标准的基础上，还可再提炼出"利己—利他"的价值标准。

　　研究跨文化交际中的价值观，首先必须认识西方文化价值观的主流，并进而找出它和中国主流文化价值观的根本分歧所在。代表西方文化价值观主流的是美国的文化价值观，对于美国文化价值观的主流是什么的问题，美国著名人类学家弗朗西斯·许朗光、艾尔弗雷德·克雷默以及罗伯特·贝拉等人都有过精辟的论述。他们认为，个人主义、个人奋斗、自主、独立是美国的主流文化价值观。它代表了西欧、北美各国文化价值观的共同特点。弗朗西斯·许朗光认为，美国人最为关注的是"self-interest"（自我利益），包括："self-expression"（自我表现），"self-improvement"（自我改进），"self-gratification"（自我满足）和"independence"（独立）。他把这一条列为美国人文化价值观之首位。从这几个"self"可以看出，美国价值观的核心是"individual independence"（个人独立）。这种自我意识在个人生活上的表现就是"privacy"（隐私）。美国人对隐私的强烈要求，使美国宪法将其列为每一个公民都具有的不可侵犯的权利。许朗光把它列为美国人价值观的第二条。艾尔弗雷德·克雷默较为系统地分析了美国人的文化价值观，并将其归纳为21条。其中第一条就是"individualism"（个人主义），并把它解释为"the belief that each person is a distinct entity and ought to assert and achieve independence from others"（每个人都是独立的存在物，人人都应维护和取得自己的独立）。可见，他所说的"individualism"（个人主义）是"individual independence"（个人独立）的同义语。美国柏克利加州大学社会学教授罗伯特·贝拉和三位社会学教授、一位哲学教授一起，从1979年到1984年，在美国东北部、南部、西部的一些大城市、小城镇选择了200多位中产阶级成员，深入谈话、观察，在此基础上写成了《精神习俗：美国生活中的个人主义与理想追求》一书。该书由加州大学出版社于1985年出版，受到学术界的高度重视。这本书的主旨是从文化上研究个人主义的价值观在美国中产阶级生活方式中的表现及其社会影响。通常认为，美国社会是以它的中产阶级为代表的，中产阶级生活方式成为美国占主导地位的生活方式；社会下层阶级所追求达到的、所极力仿效的也是中产阶级的生活方式。尽管各发达资本主义国家的历史传统不同，经济水平不同，具有各自的特点，但美国中产阶级的思想和生活方式，大体上还是可以作为资本主义社会中占主导地位的思想与生活方式来进行研究的。那么，美国中产阶级达成共识的价值观是什么？贝拉教授等指出，是个人主义的价值观。美国中产阶级的历史就是个人竞争、奋斗，一心积聚财富的历史。

　　以美国为代表的个人主义文化价值观，目前已在西方成为一种占主导地位的社会意识形态，并形成一个完整的理论体系。其主要内容包括四个有机联系的方面：其一，个人主义的社会历史观。认为个人是社会的本位、目的和核心，个人以利益的欲求所迸发出的能动创造性是社会进步的内在动力，杰出的个人是历史活动的真正主体。应将个人利益置于高于一切的地位。主张利己主义、个人英雄主义和自由主义。其二，个人主义的人性观。认为人的本性是自私的，人是具有理智、情感和意志的独立个体，人具有最大限度地满足自己的物质享受和精神享受的权益，主张要尽可能实现和发展人自身的天性，把人的思想、感情和智慧从各种束缚中解放出来，通过满足人自私的本性，使人成为生命欲求冲动和精神开放相统一的完整的人。其三，个人主义的财产观。主张财产私人占有，个人拥有对财产的绝对自主权，享有尽可能多的机会去获取财产，法律要保护私有制存在的合理性。金钱和金钱的多少成为衡量一个人有无价值以及价值大小的标准。其四，个人主义的幸福观。认为人生在世，就有追求与享受幸福的权利和天性，追求和享受现世的幸福是人们活动的唯一动力。而个人幸福是社会幸福的前提和基础，社会幸福是个人幸福的手段，不损害他人幸福的最终目的是为了实现个人幸福。个人幸福既包括个人感官的享受、欲望的满足，也包括理想、智慧和道德的获取，因此，既要追求个人物质上的享受，又要追求个人精神上的自我实现。

西方这种占统治地位且又弥漫和渗透于各种领域的根深蒂固的个人主义文化价值观，与中国传统提倡和现实奉行的集体主义、团队合作的文化价值观恰好形成强烈的反差，在跨文化交际中鲜明地表现了出来。中国传统的价值取向强调整体大于个体，认为人首先是具有群体生存需要，应该具有伦理道德的自觉的互助个体。并把仁爱、正义、宽恕、和谐、义务、贡献之类纳入这种以集体为本的认识中。中国传统文化价值观认为，个人不能脱离社会，个人有个性，应弘扬个性，但个人永远不能置于国家、集体之上，个人的价值与社会的价值是统一的。

美国学者萨姆瓦等在其《跨文化传统》一书中对不同文化中某些价值观念的定位作了比照，认为可以将文化价值观念分为四个等级，即第一重要、第二重要、第三重要和可忽略，由此发现西方文化（以W表示）、东方文化（E）、美国黑人文化（B）、非洲文化（A）、穆斯林文化（M）的价值观念的差异。

三、思维方式的不同

美国语言学家黑雅卡瓦（HayakawaS.I.）在其《语言的使用和误用》（*The Use and Misuse of Language*）一书中指出，民族的语言表达与其思维方式有关系，在国际交往中值得注意。人类因经历不同而在具体思维方式，如形象、抽象、逻辑思维，特别是宏观思维模式上有些差异。Hayakawa介绍了"Pribram"在《冲突中的思维模式》一书中归纳出四种主要思维模式：①普遍思维（Universalistic reasoning）。它强调总体概念或普遍特性具有独立于具体组成部分的现实。确定事物发展之最佳方式，事先了解普通情况下的状态，再确定具体部分对总体规划的特殊性。该模式以法国人为代表。②形式思维（Norminalistic reasoning）。它否定总概念具有本身的现实，它只是为创造一种理想模式而臆想出来的名称。推理应从具体到总体，任何纯推理行为只能产生一种假设，这种假设必须经具体经验证明。该模式以美国人为代表。③直觉思维（Intuitional reasoning）。它强调直接而不是系统认识。它忽略前两种思维间的某些基本对立，认为群体和各部分之间的关系，可比作生物有机体与其细胞之间的关系。该模式存在于德国等中欧国家。④辩证思维（Dialectic reasoning）。它源自黑格尔的辩证法，相信通过推理充分了解宇宙的可能性，对事物变化的了解不能靠头脑中僵死的规则，事物发展取决于对立物的相互作用。该模式存在于社会主义国家。

西方的思维方式可以追溯到苏格拉底开创的逻辑思辨方式，表现在哲学上则多为主张"人物分离"，崇尚个体思维，认为整体只有在个体对立中才能存在。故西方人在思维习惯上常在"同"中求"异"，在思维方式上则是从小到大，从未知到已知，突出"人"作为一个独立个体的主观作用，思维习惯常以主体为中心，主客体界限分明，惯于逻辑思维、抽象思维。这一点反映在语言上，则以重形合而有别于东方重意合的特性。在话语中则表现为多用非人称主语和被动句，很少省略主语。中方的思维方式则偏重形象思维，这一点在中西方文字形式的差别上便可看出。表现在哲学上则为中方多追求"天人合一""物我交融"的这种人与自然界处于和谐统一中的状态，比较注重个人感受和"心领神会"，习惯于在"异"中求"同"。在思维上倾向于整体思维、情感思维，从大到小，从已知到未知，从实际出发，注重主客体融合。这种思维方式反映在语言上则重意合。话语中多使用无主句、主动语态，连词使用较少，文章讲求对称与和谐的完美。具体说来，中西思维方式的差异主要表现在以下三个方面。

（一）整体性思维与分析性思维

汉语的思维方式主要表现为整体性的，其特点有二：

一是把世界当作一个存在的整体来看，表现了"天人合一"的思想观念。这从庄子和老子的哲学思想中得以充分体现。庄子说"天地与我并生，万物与我为一"，认为人与自然的关系是处于统一和整体的结构之中，天与人、阴与阳、精神与物质是不可分割的对立统一体。认识事物，需要从整体上去把握，而且要用辩证的观点把握。老子说"有无相生，难易相成，长短相形，高下相倾，音声相知，前后相随""天下万物，无生于有，有生于无""祸兮福之所倚，福兮祸之所伏"，就是要我们从整体的角度、辩证的角度来考虑问题。

二是重"了悟"、重直觉。汉民族文化的儒释道三教合一体现了这种特点。老子"道生一，一生二，二生三，三生万物"的思想是从整体到局部的关系来领悟世界。孔子谈到"仁"时，并没有对"仁"下种属概念定义。至于"仁"是解释为"善良""爱心""人道",还是"热心""慈爱"等,就要依赖具体语境和读者的个人经验。中国的"禅宗"更是强调"自悟""顿悟"的思想,其"不立文字""以心传心"的教义正是顿悟的体现。这是造就汉语意合法、语义型结构的深层原因。

英、美文化的思维方式则为分析性的。他们把世间的事物一分为二,物质与精神、主观与客观是截然分开的。对感觉到的东西,他们倾向于用理性的原则去分析,使之成为有层次的、有规则的系统。反映在语言上,英语词的使用严格受到语法规则的限制。名词要考虑数的变化、专指与泛指,动词要考虑及物与不及物、时态与语态等变化。组成句子时,还要考虑使用介词、连词、关系代词及关系副词等。简而言之,词在句中的变化与作用必须依规则一清二楚地体现出来,且越精确越好。这些规则都是通过分析而得出的。这与汉语的意合倾向形成相异的特征。

在语用方面,汉民族的整体思维形成一种从整体到个体,从大到小,从一般到特殊的表达定势。其在语言上对与时间和空间有关的各因素排列,自然也是由大到小,由整体到个体的排列。例如:"我的铅笔在我卧室床头书桌右边抽屉的文具盒里"。而英美民族的表达则为一种从局部到整体,由小到大,由特殊到一般的逻辑分析思维定式。如上例对应的英语表达为:"My pencil is in the stationary box in the right hand side drawer of the desk beside the bed in my bedroom."

(二)具象性思维与抽象性思维

汉族人的思维还偏重具象性、形象性,习惯于用具体、形象的事物进行类比的联想,把事物的相关属性联系起来,从而形成一个完整的认识。思维之中的逻辑性联系可以不很明显,只要有相关性,就可建立联想;也通常不需准确定义的概念、严格程序的推理,象征的意味较为浓重,思维的结果也以整体性感悟为归宿,不必条分缕析、追求精确。英美人则习惯于抽象思维、分析思维,以各种概念、判断和推理作为思维形式,再通过分析、综合、抽象、概括、比较、分类等途径加以系统化、精确化,并形成相关体系。反映在语言特征上表现出的不同倾向是,汉语倾向语义,英语倾向结构。在语用特征上表现的差异则是,汉语形象化、象征性意味较强,英语抽象化、逻辑性较强。如荀况的《劝学》与培根的《论求知》都是论述学习的意义和学习应持的态度,《劝学》多用比喻论证和正反论证,不直接点明之,读后仔细思考,意义深刻;《论求知》用的是陈述分析法,以冷静的逻辑论证阐明主题,说服力强。又如:

今宵酒醒何处?

杨柳岸,晓风残月。(柳永《雨铃霖》)

"杨柳岸,晓风残月"的意象,具体而颇带象征意味;主体与意象之间极具

张力,可供联想的余地很大,两句的逻辑关系是隐含的。如果译成英语,则须为:

Where'd I be when I sober up, too soon?

It will be willowed bands, dawn breeze or waning moon.

要将主体"I"明确,还要加上以 when 引导的状语从句,以将"酒醒"和整句的逻辑关系说清楚。

(三)圆周式思维与直线式思维

所谓圆周式思维与直线式思维,主要是从语篇的语用对比角度来区分的。1966年,美国教育心理学家卡普兰分析了大约600篇外国学生写的英文作文,得出了五个有名的语言文化思维图式。其中英语思维模式为一条直线,一般由话题句开头,然后用例子和细节来组成一个段落,等到主题观点被充分说明后,再用一个结论来完成全文。而中国留学生则是所谓的"东方的绕圈子式的思辨模式",即用圆圈或参差不齐的弯子从各种角度绕着主题打转转,但主题本身从来没有得到直接分析。其实,钱钟书在研究中国古代语言文学时也已发现这种现象。他把这种起首结尾呼应衔接,如圆之周而复始的结构称之为"首尾呼应——蟠蛇章法"。

对上述观点,有学者做了进一步分析,认为中国人的思维方式常常是先说事实、理由,再得出结论。这与说英语的人先表明立场观点,再加以论证的习惯是不一样的。在她看来,说英语的人遵循的是"论题往哪里去"的模式,汉族人遵循的是"论题从哪里来"的模式。即使是用英语交际,中国人的组织信息还是有其特定的思维方式的:在话语的开始部分往往不直接提出主要论点,而是有规律地将信息加以解析和积累,在说出关键性的话语之前让听话人逐步做好思想准备。但这种思维方式常常不为西方人理解。他们往往抓不住说话人的中心意思,因为它常常隐藏在大量的信息之中,正是高语境文化语用的显著特征。她认为这种思维方式反映了中国人在社会关系中强调和谐、尽量减少对抗的倾向,是汉语特有的礼貌文化。贾玉新曾对此进行过分析:"中国人与美国商人业务谈判时,他们首先从感情出发,把对方当作朋友,其次才是谈判对手或商人;而美国人则首先考虑对方是商人,至于是否是朋友还是对手是次要的。出发点不同,谈判的指导思想和具体方略也不同。中国人可能先叙友情,先叙旧,后谈业务;而美国人则开门见山,立即谈判业务。这就给中国人留下'美国人太生意化',而美国人则认为中国人太'情感化',甚至有不谈生意只叙友情的感觉。"在现实的语用中,这种倾向确是事实。

不仅篇章的结构方式反映了这种思维差异,汉英的句子也体现了这种倾向。在复合句中,英语的主句为主要的部分,一般放在句首,即重心在前。而汉语则一般按时间顺序,将主要部分放在句尾,形成圆周句。具体来说,汉语如果有叙

事部分,有表态部分,往往先把事物或情况说清楚,最后来一个简短的表态或评论,英语则恰恰相反。例如:

病人发高烧,又抽搐不已,的确很危险。

这里按照时间顺序,先描述出现的情况,后下结论,最后才是重点。而英语的表达则是:

His case is really serious, as he is suffering from high fever and continuous convulsion.

先说出结果,这被认为是最重要的。而状语从句说明的情况不是主要的,所以放在句子后面。

四、语言意象的不同

语言意象是文化传统、价值观念在语言中的积淀,也是文化语境的组成部分。"象"是中国古典哲学中的一个重要概念,古人曾提出:"书不尽言,言不尽意……圣人立象以尽意。"汉英文化传统和价值观念的差异,使汉英语言意象也必然呈现出较大的差异。

典故是造成语言不同意象的重要原因。汉语背后丰富的历史故事形成了许多成语,它们大多为四字格,语言精练,却是民族文化的集成。如"守株待兔""画蛇添足""刻舟求剑""黔驴技穷""高山流水""解衣推食""金屋藏娇",等等。值得提出的是,寓有深刻含义或历史故事的语言意象不限于成语,还有一些常用词语。如"红叶",中国人对红叶情有独钟。到深秋时节,人们成群结队,登山观赏红叶,看"万山红遍,层林尽染"的景象。红叶的出现,本是自然规律使然,可是,由于一个爱情故事,使它蕴涵了文化语义:唐僖宗时,宫女韩氏用红叶题了一首诗。红叶诗从御沟流传到于佑手中。于佑也在上面题诗一首,投回御沟,恰巧被韩氏拾到。后来,僖宗放回宫女,于佑娶韩氏为妻。从此,红叶便成了传递爱情的信物,其语言意象也积淀成汉民族文化语境,经常在语用中出现。历代文人以此意象写诗填词,于是就有了"红叶诗""题红""传波红叶"等描写情思或巧结良缘的寄托。如南宋词人张孝祥的《满江红》:"红叶题诗谁与寄,青楼薄幸空遗迹。"孔尚任的《桃花扇》:"人隔银汉几重秋,信难投,相思谁救。等他诗题红叶,白了少年头。"

英语中也有许多意象由典故而来。如希腊神话中的特洛伊木马的故事、普罗米修斯的故事。一些典故还形成了有特定含义的短语,如 "a Pandora's box"(潘多拉之盒)源于希腊神话中潘多拉受罚被贬人间,宙斯给她一个盒子。当盒子最后打开时,所有的罪恶、不幸、灾难都跑了出来,而把希望又关回了盒中。由此,这个短语的意象是:"灾难、麻烦和祸害的根源"。同样,"a Damocles sword"(达摩克利斯之剑)具有"即将临头或无所不在的危险"之意象,"a kiss of death"(死亡之吻)具有"表面上友好实际上坑害人的行为"的意象,都同其文化典故相关。

　　语言意象是一种文化的积淀,本民族的人对此都会有大致相同的感悟,而其他民族的人则可能产生理解上的距离。在中国文学中,最值得注意的是李白诗中用得最多的三个意象:酒的系统、山水的系统和明月的系统。这三大意象系统中,酒最狂肆,山水最雄奇,明月最灵妙。这三大意象有十分明显的民族文化底蕴。而对这些汉民族特有的语言文化意象,英美人也许并不一定能达成一致的认识。

　　在跨文化语用交际中,要注意汉英两种语言的意象。如在英美,红玫瑰作为爱情的象征,广为流传。红玫瑰象征爱情,其起因据传是红玫瑰与爱和美之女神维纳斯(Venus)同年同月同日诞生,红玫瑰于是成为爱情的化身。如苏格兰诗人彭斯的诗《我的爱人像朵红红的玫瑰》写道:"我的爱人像朵红红的玫瑰,六月里迎风初开。"而在中国则有另一种爱情信物——红豆。《古今诗话》载:"昔有男从军,戍守边疆,为国捐躯。其妻终日思念之,常在红豆树下唤其夫名,哭泣不止,悲伤过度,竟哭至死。红豆色如泣血,故谓之相思豆。"唐代王维的《相思》诗:"红豆生南国,春来发几枝?愿君多采撷,此物最相思。"红豆和玫瑰是汉英两种语言特定的用来表达爱情的意象,都有深厚的文化底蕴,孰优孰劣,不必比较也无从比较。

　　对于汉英语言中特定的意象,人们常常会产生一些理解偏误。如一美国人在广州开了一家餐馆,他的中国朋友前来祝贺并送上一幅画有劲松的画。美国人很高兴地表示感谢。但他对朋友送他这幅画感到纳闷:为何送这样一幅画呢?他并不知道在中国文化中松有"迎客"之意。中国朋友不但送去了祝贺的礼物,还在祝福他"迎四方宾客,愿生意兴隆"。由于西方文化没有这种语言意象,他当然不会理解得这么深刻、透彻。再看另一个例子:

　　我要走入林中
　　戴紫藤花冠的众神漫步的林中,
　　在银粼粼的蓝色河水旁,
　　其他的神祇驾着象牙制成的车辆。
　　那里,许多少女走了出来,
　　为我的朋友豹采摘葡萄,
　　这些豹可是拉车的豹。(庞德《仿屈原》)

　　诗人虽深受中国诗的影响,且有意仿屈原而作,但是紫藤花冠、众神、象牙车、葡萄、豹等,仍是西方语言的意象,构成了带有明显西方文化色彩的主导语境。他想模仿屈原式的中国古典语境,虽然也在形式上做了努力,但在实质上还是无法对接,依然显现出西方文化的特质。

第二节 语用失误的认知分析

语用学的研究总是把认知与社会的关系联系在一起。言语行为属于社会行为，也必然同认知发生着联系，而语用失误是言语行为的一部分，因此，我们有必要对语用失误的认知原因进行探讨。从语言和认知的关系看，语言是一种认知活动，认知先于语言，认知语言学的迅猛发展为语言现象的分析提供了新的路径。在跨文化交际中，交际者要进行成功的交际，除了要掌握跨文化交际所需要的语言结构，即语言的内在系统——构成该语言的语音、词汇和语法的整体系统，更必须具备较强的语境认知能力，懂得如何联系语境去准确理解跨文化交际中话语的字面意义，并根据不同社交语境的需要，调整自己的交际策略，恰当地表达思想。

一、跨文化语用中的语境

（一）语用环境和语用意义

话语的语用意义是与语用主体、语境等因素结合而产生的，多为言外之意，包括话语的心理结构所包含的意义、语境意义、会话含义、言语行为的间接意义、情感意义、社会文化意义等。这也是跨文化交际中最易发生语用失误之处。语用意义的产生是复杂的，需要结合话语之外的因素，通过分析语境和语用主体等才能得出。例如，平时我们请朋友吃饭，通常都会说"没准备什么好的东西，不成敬意，很可能还不合大家的口味，请多包涵"，等等。这些话其实有不少礼貌、谦虚的语用意义，在请客的语境和朋友之间的交际中，是十分得体的。朋友听了这话，都会理解其中的语用意义，并给予一定的回应，从而完成确定的语用行为。

对于跨文化的语用交际来说，语用意义的重要性和复杂性就更不待言了。有一个现实生活中发生过的事例，说的是清末重臣李鸿章当年出使外国，在饭店举行答谢宴会。席间他说了如下客套话：

今天，承蒙各位光临，不胜荣幸。我们略备粗撰，不甚可口，聊表寸心，不成敬意，请大家多多包涵。

没想到第二天当地报纸译成英文照登出来之后，饭店老板大为恼火，感到受了极大的侮辱。他要李鸿章说清楚他做的菜哪里"不可口"，到底怎样"粗"，不然就是败坏他的名誉。为此他要告上法庭，指控李鸿章侵犯他的名誉。这里引起的麻烦，便是跨文化语用交际中常出现的现象：在一种文化语境中恰当的语用意义在另一种文化中却成了不得体的。

跨文化语用学要研究为什么会出现这种现象、如何消除这种现象，关键就是要分析跨文化语用交际中的语用意义是如何产生、如何理解的，显然这并不是十分容易。跨文化视野中语用意义的分析与众多因素相关，其中，言语环境的制约、限定和补充是主要因素，下面我们主要从语境层面分析跨文化的语用意义。

（二）关于语境的若干问题

语用环境（又称"言语环境"或简称"语境"）是语用交际系统中的主要部分，是与具体的语用行为密切联系的、同语用过程相伴随的、对语用活动有重要影响的条件和背景。每一个研究语用学的人都不会忽略语境的重要性，甚至有不少语用学家干脆从语境出发来为语用学下定义。如列文森认为："语用学所要研究的是语言使用者在特定的语境中运用合适的语句的能力。"利奇认为："语用学可以有效地定义为对话语如何在情境中取得意义的研究。"我国也有人提出：语用学就是"研究语境的科学"。因此，在我们对语用失误进行认知分析前，有必要对语境的相关问题进行探讨。

1. 语境的构成与分类

自从20世纪20年代英国人类学家马林诺夫斯基最先提出文化语境和情景语境以来，有关语境构成的讨论就一直就没断过。国内外有不少学者做过较深入的探讨，语境构成因素大到社会、时代、文化，小到具体的话语形式和内容、上下文，几乎无所不包。有人断言："语言是一种社会现象，社会上的一切都可能成为语境。语言是一种物质现象，自然界的万事万物都可能成为语境。语言是人类本身所特有的交际和思维的工具，那么人类本身的一切也就都可能成为语言的环境。"我们认为，这种提法较为绝对，值得进一步推敲：首先，语境是与语用主体和话语实体处于同一个平面的语用学三大要素之一，没有必要将另外两大要素中的有关成分也作为语境看待，也就是说，语境的构成不能太宽泛；其次，语境是与语用行为密切相关的，一切有可能充当语境的因素如果不同具体的语用活动相联系，没有产生相应的影响和作用，就不宜作为语境，充其量也只能算作可能语境；再次，具体语用过程中的语境因素应该是可以把握、可以分析的，不能停留在"只可意会，不可言传"的阶段。

同时还需要看到，语境本身也是一个系统，其构成具有结构性。它的内部有较稳定的因素，如时间、地点、场合、境况、话题、事件、目的、对象以及社会心理、时代环境、民族习俗、思维方式、文化传统等是语境构成的核心因素，而语用的语体、风格，交际者的身势、体态、关系、情绪等，是语境构成的外围因素，它们多具有临时、自由的特征。再从语境的外部来看，它与话语实体、语用主体都会有交叉渗透，其结果是产生了新的语境因素——上下文语境（是与话语实体交叉而形成的）、认知语境（是与语用主体交叉而形成的）。

由此，我们可以这样认识语境：它是由许多与语用行为密切相关的因素构成的、相对独立的客观存在，同时它跟语用主体和话语实体互相交叉渗透；它既是确定的，又是动态的，以语境场的方式在语用活动中发挥作用。

关于语境的分类，学术界也是众说纷纭，各呈其异。我们认为，按照周遍性、层次性和简明性的原则，可以对语境进行如下分类：

首先，立足于语境同语言的关系，可以分出"言内语境""言伴语境"和"言外语境"三种，这是第一层面的划分。言内语境又可分为"句际语境"和"语篇语境"两种；言伴语境又分为"现场语境"和"伴随语境"两种；言外语境又分为"社会文化语境"和"认知背景语境"两种。这是第二层面的划分。还可以进行更下位的划分。如句际语境又可分为"前句、后句"或"上文、下文"等因素；语篇语境又可分为"段落、语篇"等因素；现场语境又可分为"时间、地点、场合、境况、话题、事件、目的、对象"等因素；伴随语境又可分为"情绪、体态、关系、媒介、语体、风格以及各种临时语境"等因素；社会文化语境又可分为"社会心理、时代环境、思维方式、民族习俗、文化传统"等因素；认知背景语境又可分为"整个现实世界的百科知识、非现实的虚拟世界的知识"等因素。这是第三层面的划分。

语境的构成和分类一直是语用学研究中的一个老大难问题。对此进行深入的剖析和梳理，使之形成科学有序、层次分明的系统，有助于更好地认识语境在语用中的作用，更好地把握和分析语境的功能。

2. 语境的功能

语境在语用交际中的作用，主要表现在对语用另外两大要素的影响上。也就是说，语境能对话语实体的结构和意义有所影响，特别是对语用意义的产生和理解影响尤其大；语境还能对语用主体的角色及关系的确定与调整产生影响，并进而影响主体对话语策略的选择。由此推延开来，可以说，语境在语用交际中具有至关重要、不可或缺的功能和作用。不过应该指出的是，必须用辩证的、动态的眼光来看待语境的功能，不同的语境因素、不同的语境结构的功能是不一样的，还要注意功能之间的演变和渗透。

如上所述，语境可以按一定的结构层次分类。不同层次的语境有不同的功能，因为它们对语用的影响有差异。正如英国语言学家莱昂斯所说："语境之中包含着语境，每个语境具有一种功能，充当更大语境的一个组成部分。"大致说来，言内语境具有制约功能、协调功能，言伴语境具有过滤功能、补充功能，言外语境则具有限定功能、引导功能和生成功能等。

所谓制约功能，指的是言内语境的上下文对语言单位之间的影响和作用。这种影响表现为刚性的制约，对话语的语义及结构都有效。

【案例112】白天，家中静悄悄的，她颇觉寂寞。邻居小女孩活泼可爱，整天唱啊跳啊，自称是"喜欢唱歌的孩子"。喜欢唱歌的孩子给她带来快乐，她喜欢唱歌的孩子。

这里有三个"喜欢唱歌的孩子"，但它们从结构、语义和功能上看却是不完全相同的。前两个是偏正结构，分别充当宾语和主语，最后一个则是动宾结构，在句中充当谓语。这种结构和功能的区分是由上下文显示出来的，是汉语语法规则制约的体现。

协调功能是从言内语境的语篇角度来看的。语篇语境包含了上下文，上下文语境中的制约放在语篇语境中会出现新的情况。

【案例113】阿妈坐在门口，膝盖上放着几件军衣，飞针走线忙不停。长长的线儿来回飞舞，抽得吱儿吱儿直响，和战士的鼾声糅合在一起。

缝啊缝，春风绕着长线荡漾，暖流跟着针眼流淌。这破洞曾收进了多少风寒，此刻，又缝进了多少温暖！

"缝进了多少温暖"，从语法的制约和语义的搭配上看本有疑问，但在这个语篇语境的协调之下，却成为一个很好的表达组合。

在语用交际中，言内语境又被包含在言伴语境这个更大的语境之内，它原有的功能也随之为言伴语境的功能所包容。言伴语境主要有过滤、补充的功能。过滤功能指在具体的时间、地点、场合、境况等因素的作用下，对语篇语境中可以出现的成分加以筛选、过滤，剔除，冗余成分。这是语用交际的"经济原则"的体现。

补充功能则同过滤功能相应，在时空、场景等因素影响下，补充出被过滤掉的成分的意义，甚至增加新的内容与含义。

【案例114】Golf plays John.

【案例114】单独看是不合英语逻辑—语义关系的。但在特定的语境中，如在高尔夫球场，John接连失误，其同伴用带着同情和玩笑的口吻说这句话，却是很合适的。这是因为有现场和时空等语境因素在起补充作用。

就像言内语境被包含在言伴语境之中一样，言伴语境也为更大的言外语境所包含：言外语境的功能在言伴语境的过滤、补充功能的基础上，又有新的扩展。首先是限定功能：具体的言伴语境对语用的补充或解释为什么是这样而不是那样，是由社会文化语境中的诸多因素限定的。社会心理、时代环境、民族习俗、思维方式和文化传统等潜移默化地影响着语用交际，使之限定在一定的社会文化背景之中进行，也使具体的话语得到更确切的解释。例如，到饭馆用餐，顾客落座后，服务员帮他点菜后，又加上一句："你要不要饭？"就很可能令顾客不高兴。虽然是在饭馆这个特定语境中，时间、地点、场景和交际目的等因素很清楚，但因为社会心理和文化传统等因素，容易使顾客觉得受到了侮辱。这说明处在社会环境中的人，无论何时何地都要受社会文化的限定，社会文化语境的功能大于言伴语境的功能。

在言外语境中,语用主体的认知背景语境十分重要。客观存在的社会文化语境,要由语用主体来感知和把握,不同的主体对相同的社会文化语境感知程度可以是不一致的,这会导致语用的结果出现差异。由此认知背景语境也带上了新的功能:生成功能或创造功能。这种功能一方面以客观的社会文化语境因素为基础,另一方面又具有主体个性化的认知特征。

正确地、辩证地认识语境的功能是有理论价值的。有人说:"我们自己是在做语言环境的奴隶,不折不扣的奴隶。我们是在受非语言环境的左右,也在受语言性环境(上下文)的左右。"把语境看作是制约人们语用的囚笼,人们成了语境的奴隶,这就犯了片面性和绝对化的毛病。尤其是在跨文化语用学研究的过程中,更需注意辩证地认识语境的功能。

3. 语境功能实现的条件

语境具有什么功能是一个有意义的话题,而对语境功能实现条件的探讨,是更有价值的课题,由此可以深入剖析语境在语用中重要作用的原因。我们认为,语境功能的实现条件主要有以下两点:

一是语境本身的显隐程度。在具体的语用交际中,语境的影响和作用是不完全一致的,众多语境因素在交际活动中的重要性也有差异。一般地说,语境在交际中的表现形态有外显和内隐的差别,言内语境因素和言伴语境中的现场、时空等因素都很外显,其对语用影响较为直接,因而功能比较容易实现。例如:在学术报告厅里,报告人利用电影或幻灯片做讲解说明时,常用一句话"Lights, please"要求灯光配合。负责灯光的工作人员能随之控制灯光的开或灭。在这句话中,"Lights"并没明确是开灯"turn on the lights"还是关灯"turn off the lights",但工作人员依然能够按要求来做,原因就在于现场语境的准确提示。

相比之下,社会文化语境等言外语境则属于内隐性的,虽然其功能对语用的影响特别大,但有时也难免不能顺利地实现。

例如:抗战胜利后,著名国画大师张大千从上海返回四川老家,他的学生设宴为他饯行,同时出席宴会的还有梅兰芳等社会名流。宴会开始,张大千首先向梅兰芳敬酒:"梅先生,你是君子,我是小人,我先敬你一杯。"梅兰芳不解其意,忙问:"此话从何说起?"大千答道:"你是君子——动口,我是小人——动手。"

张大千巧妙地运用我国传统文化中的惯用语"君子动口,小人动手",以增进交际的效果和主体间的和谐,但一时并未被听者理解。也就是说,此处言外语境的内隐式特点,影响了其引导功能的实现。

二是主体的语用能力。语境是客观的存在,能否起作用,还需要主体的参与。这首先涉及主体的背景知识,它以语言知识为基础,又与非语言的有关世界百科性知识相关,尤其是进入了人的长时记忆,以"图式结构"的方式保存在大脑中的有关社会文化的百科性知识。毫无疑问，背景知识越丰富，人的语用能力就越强，构造和利用语境的本领就越大，因而使语境的功能得以发挥的可能性也越大。

语用能力的另一表现是搜寻语境的最佳关联。一般地说，人们的背景知识总是较为丰富的，而在具体的语用交际中，并非所有的背景知识都需参与进来。哪些需要参与，参与量的多少，怎样参与，等等，都涉及主体的语用能力：当受外来物刺激时，能"激活"背景知识储备，构建相应的语境，建立最佳关联。在这方面，不同的主体也会有差异。前文中梅兰芳一时没理解张大千的话，并不是因为他不具备相应的背景知识，而只是暂时没有搜寻到相关的语境因素，并建立最佳关联的缘故。

英国语用学家斯波帕和威尔逊的"关联理论"对语境功能的实现具有较强的理论解释力。他们认为，交际是一个明示推理的过程，需要交际者调动其背景知识进行语境关联的假设，并在寻求最佳关联的基础上进行推理。在确立关联性、寻找最佳关联的过程中，语境是一个关键的因素。他们把主体的背景知识看作是认知语境，正如我们上面分类时所做的那样，这种语境是除话语的上下文、即时的物质环境等具体的语境因素之外，主体的百科知识因素，如已知的全部事实、假设、信念以及认知能力。它是主体的心理建构，因而是动态的、扩展的，也是假设的、有差异的。这种理论不仅适用于某一语言内部的语用交际，更对跨文化交际语用失误的研究提供了较好的理论解释。

二、汉英认知语境的差异

认知语境是"人对语言使用的有关知识，已经概念化或图式化了的知识结构状态"。语言有局限性，但辅助语言交际的并不总是具体场合因素，认知因素起着决定性的作用。在语言使用过程中，语用者处理信息的过程或含意的获得过程，有感知、语言解码、假设、记忆心理图式的激活和推理这些步骤就够了，语用者对语言的信息超载部分的推导并不一定要依赖具体的语境，因为语用者通过经验已经把有关的具体语境内在化、认知化了。也就是说，语境主要指的是认知语境，即语用者系统化了的语用知识，因此，在具体场合不明确的情况下，语言使用者可以自觉或不自觉地运用知识进行推导，而这种知识推导所依赖的主要是认知语境。由于语言使用是一种认知语境的参与过程，语言本身的不完整性则需要由以认知语境为基础的推理去补足。由此可见，在跨文化交际中，交际双方对话语含义的理解并做出应答，首先是基于对语境的认知，语境认知在跨文化交际中起着重要作用。认知语境受交际者对某种语言系统知识的内化程度的制约，并取决于交际者的文化语境认知能力。文化语境认知能力指交际者对不同的文化知识和行为习惯的认知、情感、行为方面的适应性，与语用主体的语用能力密切相关，是由关于世界的百科性知识构成的。它有较大的开放性和自由度,可能是交际双方共享的知识,也可能是表达一方或理解一方各自构建的。在汉英跨文化交际中,汉英认知语境的差异,是造成语用失误的重要原因。认知语境对语用失误的影响可有以下几种不同情况。

(一)交际双方持有共同的认知语境

从理论上说,现实的语用中的交际双方所持有的认知语境都是有差异的,因为世界上没有任何两个人的知识系统是完全一致的。但日常的交际又以顺畅的沟通为主,这是因为人们的认知语境其实是处于不断调节、动态生成之中的。对于具有相同的文化熏陶、大致相等的知识水平的不同交际者来说,在语用中会互相顺应、及时调整自己的认知策略,从而建立起相应的语境假设,进行语用推理,直到达成沟通和理解。这种情况在同一语种中是很普遍的。

在汉英跨文化交际中,随着两种语言交流的日益频繁,文化间的融合越来越密切,这种双方持有共同的认知语境的情况也是存在的。如汉语的传统招呼语"吃了吗""去哪儿"中所含有的应酬、礼貌色彩逐渐为英美国家的人所理解,一些英美留学生在中国也常用这样的话语来招呼别人;同样,英美国家所特有的文化禁忌,如不宜随便打听别人的年龄、婚姻、收入等,也成为当代许多中国人所认同的,构成其认知语境的组成部分,他们在交际中会注意遵循英美文化相关的要求和约定。

当然,对于跨文化语用来说,不同民族的语用主体持有共同的认知语境的情况是不多见的。因为认知语境是主体内在的知识结构,对交际呈现着潜在的影响,不同民族的主体不一定都了解对方的文化结构,更难于把握其认知结构,甚至有时对自己文化结构的具体状况也不一定说得清楚,也就难免出现沟通的偏差。因而,分析研究认知语境的差异更有意义和价值。

(二)双方持有的认知语境存在差异

这是跨文化交际中更常见的现象,这种差异可体现在不同的层面。

第一,对字面意义的认知差异。如:国内一所学校聘请了几位外籍教师,为保证他们的休息,校方有关部门特意在外籍教师休息室门上写上醒目的"Restroom for Foreign Teachers",以示对外国教师的照顾。但不知"restroom"是英美盥洗间的别称,以致使外籍教师啼笑皆非。这就是由于写作者没有认识到汉英两种文化的差异,而错误地用自己的文化观去理解别人,将字面意义和文化含义随意对等的结果。又如,一美国留学生参加中国朋友的婚礼,能用流利的汉语对新郎说:"新娘子真漂亮!"但新郎回答说:"哪里哪里。"他只能傻眼,结结巴巴地说:"眼睛漂亮,眉毛漂亮,鼻子漂亮……从上到下都漂亮。"闹出了笑话。这也是因为他不具备中国人的文化背景,听不出新郎话语中特定的含义,说到底还是没有与中国人相应的认知语境导致的。

第二,对特有文化意义的认知差异。在跨文化语用中,有些词语带上特定的意义或意象,可能会引起交际的偏差。如"花环"和"花圈",在现代汉语中是有区别的。前者多为鲜花做成,在祝贺时用作礼物;后者用鲜花或纸花等扎成,专用作祭奠物。这是汉语文化所设定的意义,其他民族或许就没有这种差别,甚至连侨居海外的汉族同胞也不一定具备这样的认知结构。如在美国檀香山的一次学术会议上,热情的主人为与会者献上挂在颈项上的花环,美国佛罗里达大学的一位华人学者说"献花圈了",北京的一位学者马上对他说,这种说法在中国内地是不能接受的。这里出现的差异便是源于认知语境的不同。

又如,在美国两大行销全球的周刊之一的"News week"(《新闻周刊》)1997年8月18日出版的一期中,有这样一个标题"Are Drive-Through Deliveries So Bad?"

"Deliveries"的意义是分娩,但什么是"Drive-Through"?在美国,小汽车是日常代步的工具,除生活在大城市可用公共交通工具外,不驾车几乎就无法生活,于是许多配合这种汽车文化的服务设施就应运而生。由于生活节奏快,凡事以便捷为原则,许多行业,如银行、快餐馆都设有室外服务窗口并辟有汽车通道。这样,驾车者不用下车,只需依次驶经这些服务窗口,就能方便地办好银行手续,或定快餐以及取餐。这就比把车停到一个地方,又步行来办这些事,然再步行到停车场驾车离开要快捷方便得多。所以有这种"Drive-Through"设施的营业处生意兴隆。这里的"Drive-Through"当然不是指产妇不下车就把小孩子生了,而是取其快捷的含义——较短的分娩住院期以节省开支。可知这"Drive-Through Deliveries"是指"像不下车就买快餐般迅速地住院分娩"之特定含义。当然,这种意义对于中国人来说是很难理解的。

第三,对隐含文化意义的认知差异。有人谈到在教外国留学生学唐代朱庆余《闺意献张水部》诗"洞房昨夜停红烛,待晓堂前拜舅姑。妆罢低声问夫婿,画眉深浅入时无"时,对该诗投石问路的目的和当时的风气都做了详细讲解。即诗中以新妇比作自己,新郎比作张藉,而公婆(舅姑)比作主试。本以为他们都会毫不费力地理解了,但还是有留学生问:"为什么用'公婆'作主试?"这便是由于他们不了解"公婆"的深层含义和感情色彩,其认知结构中没有这种隐含文化意义的知识。在西方,人际关系讲究平等,"婆婆"就是丈夫的母亲,她对儿媳没有丝毫的权力,儿媳也没有义务服从她。但是,在以封建伦理为基础的中国封建社会,"婆婆"对儿媳有绝对的权威,儿媳对"婆婆"应绝对服从。

历史上因婆婆不喜欢儿媳而强迫儿子休妻的事屡见不鲜,《孔雀东南飞》中的焦仲卿妻、著名诗人陆游之妻唐婉都是因为婆婆不喜欢而被休的。所以"婆婆"(公公)就有了"权威"的意思。

有个这样的例子:

The congressman's wife shook him vigorously in the middle of the night. "Wake up, Adam!" She whispered frantically. "There's a thief in the house!" "No way," came the sleepy reply. "In the Senate, maybe. In the House, never."

对于中国人来说,可能不一定马上能读出其中的幽默和讽刺的含义来。这一段话的意思是说,议员的妻子半夜叫醒他,说屋子里有贼。由于"House(屋子)"与众议院的简称是同一个英语单词,因此议员反驳道:"不可能,在参议院里也许有,众议院里绝对不可能有。"这就把该议员的特殊身份和他所在的众议院与参议院之间的强烈的对立情绪很好地表现了出来。但由于一般中国人对西方政体及其矛盾了解不多,不具备相应的认知语境,这段话中隐含的文化意义也就难以很好地理解。

如前所述,认知语境是从语境与语用主体的交叉关系上得出的。对认知语境差异的分析,实际上就要与语用主体密切关联起来。语用主体的知识结构及其对外部世界的感知,都是由本族文化决定并深深地打上了文化的烙印。不同语用主体的知识图式和认知模式存在差异,不同民族和社团的文化由于受到不同的文化习惯、宗教信仰、价值观念、教育和文明程度、社会组织形式、法律和政治等因素的影响,反映在语言中其内涵也不尽相同。因此,相同的话语,对于来自不同文化的交际者来说,会引起不同的语言文化认知。这也正是跨文化交际中语用失误的一个重要原因。

三、心理图式与语用失误

认知心理学家认为,认知指人类个体内在心理过程或心理活动的产物,它具体指能使认识主体获得知识和解决问题的操作和能力。它不仅寓于人类意识水平之上的认识活动中,也寓于某些非意识行为的过程中。如信息的获得、理解、验证等过程中无不包含认知成分;对输入信息的识别、注意、编码、储存和提取同样蕴涵着认知成分。索绪尔曾指出:"语符是一个概念和一个声音表象连接在一起……它是一个双向的心理实体,声音表象不是物理的声音,它是声音在心理上的印记。"因此,语言使用的研究应该从人类的认知能力出发。桂诗春认为,认知处理是整个交际过程的中心环节,而认知是"语言运用的心理过程的基础"。下面我们从三个方面分析认知过程中的心理图式与语用失误的关系。

(一) 意象的突显

从认知语言学的角度看,语言是人类智能活动之一,是认知的一个组成部分。认知是语言发展的基础,语言则是认知的窗口。语言能促进人的发展,同时也是巩固和记载认知成果的工具。第二语言的习得和使用同任何知识的习得使用一样，基本上也是一个以大脑"信息处理器"为中心，一头连接输入另一头连接输出的信息处理过程，而知觉、表象、记忆、理解、意识、决策等心理表征都将对信息处理的过程产生制约作用。

　　认知心理学家认为人类具有对过去经历进行总结的能力，能从过去的经历中概括出各种类型并确定它们的共同特征，然后建立起知识结构，并将其储存在记忆中，用于以后理解听说交际中类似的语篇，即在以后的交际中若遇到与以往经历相同的语篇时，人们就会自动地运用这种知识结构理解当前的语篇。这就是图式理论。图式是先前知识结构在人脑中的结构化，是惯例的或习惯性的结构化，它在经验的组织或理解过程中的作用相当于"概念骨架"。人类在认识感知世界时，客观世界的人、物和事件在人脑中留下的印迹就是心理图式，这种印记的体现方式之一就是具体的客观事物在人脑中产生的图像即意象。意象是人类知识的基本成分之一，是人脑构思情景的不同方式，语言表达式体现约定俗成的意象，即说话人选择某个表达式时，是以某种方式构思情景，为表达目的而构造其概念内容的。客观事物与此图像保持一致性和相似性。例如，"三角形"在人脑中的图像是三条直线围成的封闭图形，这是所有正常人能感知并共享的基本图像。这种图像即基体，是意象的相关范围。但由于人们认知客观事物的经验不同，同一客观事物在不同人脑中的图像会有差异，这种差异便是"意象的突显差异"。如"三角形"，在甲的头脑里可能是直角三角形，而在乙的头脑里可能是等边三角形。由此我们可以说，人脑在形成客观事物的意象的基体的同时也包括了客观事物的意象的突显部分。心理图式是基体和突显部分的结合体。基体具有客观性，它不以人的主观意志为转移；意象突显部分则是主观的，不同文化背景的人对基体的相关范围有不同的界定。因此可以断定，在跨文化交际中交际双方意象的突显差异是语用失误的根源。

　　例如，"孔雀"在中国人的大脑中意象的突显部分是美丽、善良；而在西方人的大脑中意象的突显部分则是炫耀、骄傲。在跨文化交际时，交际双方能互相感知并共享"孔雀"的意象基体，但在"孔雀"意象的突显部分却不能互相重合和印证，交际功能不对称。如果我们夸奖一位来自西方的小姐"长得像孔雀般美丽"就必然会导致交际失败，引发语用失误。又如，"狗"是"听觉、嗅觉灵敏的一种哺乳动物"(《现代汉语词典》)这种意象的基体在任何人的大脑中形成的图像都是一致的，这毋庸置疑。从意象的突显部分来看，在西方人眼中的狗是机灵可爱、善解人意的代名词，而中国人的字眼中的狗则是牙齿锋利，长相凶丑，卑贱的动物，如"人模狗样""狗剩儿"。言语交际中，一个西方人祝贺一个中国人幸运地完成了某件事情，兴奋地称这个中国人是"a lucky dog"(幸运儿)时，他并不会意识到这位中国人听到自己被叫作"狗"(dog)时的尴尬。

(二) 知识脚本

心理图式的体现方式除了意象之外,还有知识脚本。意象是以图像的方式存在于大脑中的,但观世界的万事万物并不总能以图像的形式体现,心理图式还可体现为抽象的概念。但人们在获得概念的时候,由于人脑的容量有限,必须对外界输入进行处理。客观世界在人脑中变成了被感知的世界,这不仅包括直接感知的经验,而且包括一堆抽象的理论的构件。在语言交际过程中,社会文化因素以经验或信息的方式不断输入大脑,从而产生了相关的内容和形式结构,输入的事件先形成事件模型,然后以事件模型的形式在进一步的交际中不断充实更新,逐步演化成比较全面的、包括多种前设知识的知识结构。这种构件在理解语言结构时活化,在语言生成时控制话语的目标、方向、内容,使之连贯。就社会心理表征(图式)而言,强调一准则,忽视另一准则是一种文化现象,降低一两条准则在交际中的地位,并不等于破坏交际原则,而是用一两条准则的代价,去获得总体上的合作。对准则的厚此薄彼,在不同文化里可有不同的心理表征排列方式。这种表征的排列还要受到其他因素的影响,这涉及语言的使用参数,即具体事件的特殊知识结构或脚本,包括该事件的情景知识。"知识脚本"是指专门为经常出现的事件序列设计的知识结构,是人类基本行为单位的认知结构,具有动态性、依赖性。

比如,话语中的某些信息被省略了,但我们在理解时却无意识地从脚本中提取信息进行填补。人脑不可能记住所有的具体事件,但可以对多次经历的事件以抽象特征的形式存在于大脑中。脚本中的认知单元实际上就是对事件参与者的相关指导和指示,借助于脚本知识,事件参与者必须根据自己的角色来表达一定的语言或是执行一定的行动。关于具体事件的特殊知识结构(脚本)与相应的实际语言使用形成认知单元,符合脚本的具体事件发生时,就会激活相应的实际语言使用,因此,语言使用得体与否关键在于脚本的选择。记忆的局限性表明,人类不可能把每个场合全都记录在大脑中。为降低记忆负担,人们把这些区别抽象化成"语言使用参数"。"语言使用参数"包括交际的时间和地点、交际者所使用语言的正式程度、交际语境等。交际语境还包括交际者的角色和地位、交际者所使用的信息传递媒介、交际者所处的交际主体等次参数。作为心理图式的知识脚本中的任何一个参数改变,即更换脚本。例如,一般来说和上司说话要比和同事说话正式礼貌,书面语要比口语正式礼貌,课堂发言要比寝室闲谈正式礼貌,研讨毕业论文要比谈论食堂伙食正式礼貌。又如,女儿是母亲的学生,交际地点是在家里还是在学校,交际时所选择的脚本肯定不同,因为交际语境和正式程度这两个参数都改变了。参数改变,脚本知识结构也随之改变,相对应实际语言的使用及礼貌级别、得体程度也会改变。因此,跨文化言语交际是否成功,关键在于人们在交际过程中是否能够正确估量参数，找到正确的知识脚本。如果忽略脚本参数的改变，误选脚本就会导致语用失误的发生。

脚本的最终选择是所有参数互动的结果，这不仅在于场合的具体性，还在于交际者所处的文化的具体性。所有的文化都提供了得体的交际行为准则，规定了在特定的语境里什么行为必须或可以发生，什么行为不能发生。跨文化交际中要避免语用失误，就必须对本族文化和其他民族文化有深入的感知，避免文化定式的束缚。贾玉新指出："学者们惯用这种文化定式作为文化比较研究的模式，这种模式虽然有效，但因为其使用忽视个性，常常会给交际者带来困惑，甚至会使交际双方产生误解和冲突。"人们对具体言语事件抽象的时候把实际语言使用所负载的文化也同样抽象成文化心理表征。一旦文化假设形成，它们保持相对稳定，对社会交际的影响几乎是自动的，与它们矛盾的事件不能改变它们，反而被理解为错误的，不可解的，反常的，因此，相对稳定的文化心理表征只包含文化和意识形态的一种倾向。在跨文化交际中，不合时宜的交际往往是交际双方在某一场合中自动激活了各自的文化心理表征及相应的实际言语运用，而双方的文化心理表征中得不到印证，结果被对方理解为不合时宜或不得体，语用失误由此发生。

中西方文化背景不同，对同一概念有不同的知识脚本，以至于在词语选择上有所不同。中国人对"牛"的心理图式是壮硕，是人们在田地间劳动的好帮手，具有滚圆粗大的体格，是力量的象征，所以当人们要表达"壮实"这一概念时，自然会想到牛的脚本。而在英语文化里，马对应的心理图式是人们日常生活中必不可少的工具，驮负行装，长途跋涉，体格健壮这一概念的表达就自然会跟马的脚本联系起来。

下面我们再看两个由于错选脚本而导致的语用失误的例子：

【案例115】一个英国人（E）正在中国人（C）家里做客。

E: What a beautiful fan!

C: If you like it, I will give you as a present.

见到主人的东西很好，英国人的脚本告诉他应该对其夸奖，因为英语文化里有善于恭维别人和赞美别人物品的特点，他们把这种对别人的赞美和恭维看作是一个人应具备的起码修养。而这位中国人显然不了解西方文化，竟然要慷慨地将电风扇送给对方，这就让对方感到尴尬。

【案例116】参观之后，西方游客（F）和导游员（G）之间的对话。

F: Thank you for helping and accompanying me.

G: Please not to mention it. It's my duty.

"Duty"在英语中指某些"不得不尽的职责"，如服兵役、纳税等。在该例的场合中中国人脚本的文化心理图式告诉他要谦虚，表明是自己应该做的。而西方脚本的文化心理图式则要他称赞别人的服务，且认为对方会回谢并且表示接受。因此，从上面例子中可以看出，交际者所选择的脚本在各自的文化里是可行的，但两种脚本的文化心理图式是不一致的，造成了交际失败。

语言表达意义，但对意义的表达仅是一种触发作用，即语言是一种触发机制。语言在交际中激活知识结构，激活后的知识结构按相关的具体语境形成心理图式，然后再根据不同的文化知识，在心理图式上进行以交际准则为基础的排列，导致不同的推理结果。言语交际以认知为基础，语用失误说到底还是与认知客观世界的过程中认知能力的局限有关，意象的突显部分不同，脚本的错误选择是导致语用失误的根源。

（三）元语用意识

元语用意识是指交际者在选择语言，做出顺应时表现出来的自我意识反应。维索尔伦（Verschueren）认为所有的言语交际都反映出说话者一定程度的自我意识或倾向。一旦语言意识形态在大脑里建构起来，元语用意识就会在头脑里占据主导地位，将会对说话者的话语进行自我调控。这种调控不会离元语用意识很远，更不会在短期内否定元语用意识在头脑中的主导地位。而语用失误出现的关键就在于调控的环节上。跨文化交际时，交际者为了顺应对方的话语，在头脑中进行了潜意识的调节，但这种调节无法冲破已有的元语用意识，换句话说，头脑中原有的思维定式占据了主导地位，话语的调节就较容易失败。在这种情况下，语用失误就容易产生。我们来分析下面交际失败的例子：

顾客 A: You really did a good job. Thank you for your help.

服务员 B: That's my duty.

中国服务员 B 在面对外国顾客 A 的夸奖时，她的元语用意识传递给她的信息是：面对夸奖时应该多谦虚。于是元语用意识开始搜索相关信息。虽然听到夸奖后服务员心里高兴得想说"谢谢"，但占主导地位的元语用意识告诉她应该谦虚，不能骄傲自大，因此，汉语中适应的回答"那是我应该做的。"就转化成了服务员的答语"It's my duty"。在语用失误产生的过程中，虽然元语用意识已经对语言进行了适应性调节，但其仍保留了原有的语用意识，因此，语用失误的发生就在所难免了。

第三节　语用失误的预设分析

在日常跨文化交际中交际双方的互相理解在很大程度上既依赖于语言预设又依赖于被文化所决定的对客观世界的认识的预设。因此，本书中我们把预设分为语言预设和社会文化预设，分别探讨二者在跨文化交际中的作用。对于什么是预设（语用前提），存在不同的理解和定义，有的对它理解得概括些，有的对它做了比较详细的定义。我们根据何兆熊的观点将预设的说法归纳成三种：①把预设理解为说话人对言语的语境所做的设想。②把预设看作是施行一个言语行为所需要满足的恰当条件或是使一句话具有必要的社会合适性所必须满足的条件。如费尔默（Fillmore）认为语用预设就是通过一句话来有效地实施某一个言外行为所必须满足的条件。③将预设看作是交际双方所共有的知识，或者说是背景知识。何自然认为，从语用的角度来说，预设实际上可称为"语用语境前提"，因为它是一种言语结构以外的信息，也即不是通过字面意义显现的，合适性和共知性是预设最重要的特征。

一、语言预设与语用失误

所谓语言预设，指语言中赋予言外之力的方式。语言是按照一定的规则组织起来的、约定俗成的、可学习的符号系统，用来代表一定的地理区域或文化范畴内的人们对客观世界的认识。每一种文化都在自己的语言符号中留下痕迹，物体、事件、经验、感情等在不同的语言社团中都有不同的标记或命名。同样，不同的语言社团中赋予语言符号以语用之力的方式也就不同。每一个言语交际行为都由语言编码形式和语用之力构成。两种不同的语言在语言编码形式和语用之力之间存在不同方式的相似、相异、交叉及重合关系。

（一）相对应的语言编码形式表达相同的语用之力

这是指两种语言中赋予某一相同或相似的言外之力的语言编码形式完全相同。这种相似的语言前提使言语的恰当实施和准确理解成为可能。换言之，两种语言的形式对应，所表达的语用之力也对应。因此，这种情况下，如果交际者能够理解字面意义的对应关系，语用失误就可避免。例如：

甲：对不起！　　A: Sorry!
乙：没关系。　　B: Never mind.

汉语"没关系"和英语"Never mind"为同义，且都可用来作为"对不起"或"Sorry"的道歉答语，表示接受道歉的语用之力。语言编码形式和语用之力相对应，因此不易发生语用失误。

如果交际者没能将相同语用之力的语言形式正确匹配，则会发生语用失误。例如：

A: Thank you!
B: Never mind.

"Never mind"只能用于接受道歉，不能用于接受道谢，无法完成正确回答"Not at all"表示礼貌和客气的言外之力。

（二）相对应的语言编码表达完全不同的语用之力

这是指两种语言中某些语言编码形式重合，但其语用之力却完全不同。在这种情况下，相似的语言形式掩盖下的不同的交际意图，交际者常常错误地匹配，结果语用失误时常发生。例如，中国人见面时常用"吃饭了吗？"作为打招呼的用语，而相对应的英语表达方式"Have you eaten"却传递了完全不同的言外之力。在英语国家，当被问了"Have you eaten"时，常被理解为对方在发出吃饭的邀请（meal invitation）。主动打招呼的汉语母语者本无邀请吃饭的意图，仅仅是日常问候，这样便造成了交际失败。我们再来考察一个交际失败的例子：

A: Where are you going?
B: …?!!!

在语言编码的形式上，英语中"Where are you going"对应汉语"你去哪里"；在交际功能上，"Where are you going"在工作需要等特殊场合以外，是人们比较禁忌的问语，会有窥探别人隐私之嫌。"你去哪啊"是中国人打招呼的常用语，这样可表示关心和友好，并不会有打探隐私的怀疑，也不会引起不快。跨文化交际中，如果不了解这一前提，随意把"你去哪里"和"Where are you going?"等同起来，就成为该类语用失误产生的根源。

（三）完全不同的语言编码形式表达相同的语用之力

这是指两种语言的语言形式不对应，但所传递的交际意图相同。例如，讲英语的人在道别时除了"Bye""Bye-bye""Good bye"之外，常说些祝愿的话语，如"I wish you a pleasant journey""Have a pleasant trip"等。或者说一些与对方见面感到愉快等表达评价的话语，如"It's been a pleasant stay. I'm glad to have met you."等。在汉语的道别话中，除了"再见""一路顺风"等话语外，也常会向对方说"慢走""走好"等表示关切、友好的话。而"慢走"（Walk slowly）对于讲英语的人来说会让其困惑不解甚至生气："Why can't I walk quickly? Isn't it polite to ride quickly? I'm strong enough!"因此，类似"I'm glad to have met you"这样的句子与汉语中"慢走"虽然在语言编码形式上没有任何相似之处，但二者却发挥了相同的"道别"交际功能，具有相同的语用之力。跨文化交际中如果不了解这一前提，错误地将一种语言的编码形式随意转换成另一种语言的语言编码形式，定会造成跨文化交际中的语用失误。

二、社会文化预设与语用失误

在跨文化交际中，文化预设决定交际者言语行为的模式和框架，在跨文化交际中如果交际双方缺乏共同的文化预设前提，就会引发语用失误。

举例来说，讲汉语的人和讲英语的人在接受恭维时的反应和态度方面具有很大的差异。中国人受传统宗法社会制度的长期影响，把"谦以待人，虚以待物"作为为人处世的信条，视为一种崇高的美德。表现在语言上，对自己总是有意贬低，对别人总是极力夸奖，即使遇上内心不能苟同的意见，有时也要表现出表面的大度，表示某种程度的理解。总之，他们在言语交际中是以礼貌、谦虚为原则，并通过"让己受损，使人获益"的方式来表现对人最大的礼貌和尊敬。比如，中国人宴请外国朋友时总是说："今天请各位吃顿便饭，没什么好菜招待，做得不好，大家随意。"西方人就会想：既然请我们吃饭，就应该吃最好的，饭菜不好又何必请我们？又如，中国专家在欧洲做学术报告时经常说："我在这方面研究得不够，也没好好准备，讲得不好，请多原谅。"外国听众一定会哗然：你既然知之甚少，又没充分准备，干吗还来浪费我们的时间？再举一个日常说话常会遇到的实例。一位英国教师称赞一个中国学生的书法："Oh, what beautiful handwriting."中国学生回答说："No, not at all."结果英国教师很生气，他觉得中国学生态度不够真诚，甚至还认为在嘲笑他不懂书法，缺乏审美鉴赏能力。西方人听到他人夸奖自己时一般会表达自己听后的喜悦之情，还会直接感谢对方的赞美，如"Thank you"或"I'm glad to hear that"等，采用迎合的方式与恭维者一致，对自我十分肯定。思维方式的差异是引起跨文化交际中语用失误的一个重要原因。具有汉文化的人思维方式一般是"马虎笼统，不求精确"，不给人以明确的答复。一方面，传统汉文化教导人要稳健，因而往往不直接立刻给出答复，以示含蓄稳重；另一方面，中国人特别讲究"人情"，从人情出发，认为如果听话者了解自己，为自己着想的话，就能够从自己的话语中推断自己的真实含意，反之，也失去了表明的必要性。而英美文化习惯于明确具体，言语交际中双方希望都能明确地表达意思。在跨文化交际中，说话人在自己的语用预设指导下把意欲传递的语用之力进行语言编码，然后听话人也在自己的语用预设的指导下把说话人的语言编码译成语用之力，如果说话人和听话人的语用预设相似，那么说话人意欲传递的语用之力和听话人所理解的语用之力一致，言语行为得以实现，跨文化交际获得成功；如果说话人的语用预设或社会文化预设与听话人的不一致，说话人意欲传递的语用之力与听话人所理解的语用之力不一致，甚至冲突，跨文化交际就会发生语用失误。

参 考 文 献

[1] 梁燕华. 语用与言语交际[M]. 杭州：浙江大学出版社，2013.

[2] 夏中华. 语用学的发展与现状[M]. 北京：中国社会科学出版社，2015.

[3] 王淼. 基于语用语言学视角下的专有名词学研究[M]. 北京：中国社会科学出版社，2016.

[4] 亓华，等. 汉语国际教育跨文化交流理论与实践[M]. 北京：北京师范大学出版社，2016.

[5] 詹文都. 语言与文化研究[M]. 北京：光明日报出版社，2016.

[6] 华先发，胡孝申. 翻译与文化研究（第九辑）[M]. 武汉：武汉大学出版社，2016.

[7] 刘柯兰. 文化视野中的网络英语新词汇[M]. 武汉：武汉大学出版社，2015.

[8] 佟靖. 全球语境下中国英语本土化教学研究[M]. 沈阳：东北大学出版社，2015.

[9] 杨加印，张利满. 中华文化与跨文化交际[M]. 长春：东北师范大学出版社，2015.

[10] 洪丽，黄美华，凡保轩. 非通用语特色专业教学与研究（第2辑）[M]. 北京：中国传媒大学出版社，2014.

[11] 钟智翔，白涫，赵刚. 中国外语非通用语教学研究（第三辑）[M]. 北京：世界图书出版公司，2014.

[12] 苏前辉. 文明时空下的全球通用语[M]. 北京：中国社会科学出版社，2015.